当事者が語る精神障がいとリカバリー

続・精神障がい者の家族への暴力というSOS

YPS横浜ピアスタッフ協会
蔭山正子●編著

明石書店

はじめに

今、あなたが誰で、どんな状況でこの文章を読んでいるのか、僕にはわからない。自分たちの書いた文章を本にして出版することは、そんな成り行きをもたらすのだと、改めて実感している。なぜ、暴力というテーマについて本を作ることになったかの経緯は蔭山氏も書かれているのでそちらを読んでいただくとして、執筆に関わった一当事者として思うことをここでお伝えできればと思う。

蔭山氏の前著『精神障がい者の家族への暴力というＳＯＳ』（明石書店、２０１６）を読んだ時に感じたことを振り返ってみる。暴力の問題に苦闘する家族と当事者が置かれている現実、早期介入の難しさ、リカバリーしている家族と当事者の実体験、それらについて、家族の生の声を豊富に紹介しつつ論じた濃密な本だ。読み進めながら、厳しい現実と向き合ったからこそ見えてくる深いリカバリーの可能性が示唆されているような気がしてならなかった。この現実に対して、自分にできることは何だろう？　そう考えて、居ても立ってもいられない気持ちになった。

自分にできること……。

本書の執筆が進むにつれて、それは徐々に形となっていったように思う。それは、過去の暴力の当事者として、暴力の連鎖は抜け出せる可能性があることを発信していくこと、なのではないかと考えている。生き証人としての自分の体験を伝える務めに、意識的になった。この本の執筆を分担した当事者たちとも、その意識を共有していたと思う。

その意識が一つの形になったものが、今あなたが読んでいる本書だ。蔭山氏の前著には本当にたくさんの家族の生の声が紹介されていた。本書では、それに対する応答としての精神障がい当事者の生の声に、たくさん触れてもらうことができる。それぞれ思うところのある、個性ある当事者たちの生の声、相矛盾しているところがあるかもしれない。しかし、矛盾も含めて、多様な意見を受け入れる意識を持つことが、暴力の問題を解決していく上でも大切なのだと思う。それも、本書を通してお伝えしたいことの一つだ。

願わくば、本書を読まれた皆さんには、思ったこと、感じたことをどんどん投げかけてほしい。ひとりひとりが声を上げる、そのことが、様々な課題を持つこの国の精神保健福祉を良くしていくのだ、きっと。

この本の制作は、多くの方のご協力、ご厚意に支えられて可能となった。この場をお借りし、YPS出版部を代表して感謝いたします。

編著者代表

堀合悠一郎

精神障がい当事者の力、それが発揮された時、日本の精神保健医療は変わる。私はそう信じ、当事者の力に賭けている。当事者や家族が発言力をもって発信することは、今の日本に何より必要なことだと思う。

＊　＊　＊

本書は、前作『精神障がい者の家族への暴力というＳＯＳ』の続編である。前作は、埼玉県精神障害者家族会会員に実施した調査結果に基づいて書いた。精神障がい者の暴力は見ず知らずの人に向かうことは僅か1％と稀だが、家庭内では6割で発生していることが明らかになった。また、暴力は治療を受けても無くならないことが珍しくなく、10年20年と家庭崩壊まで家族が耐えていた。考察を繰り返して見えてきたことは、精神医療における精神障がい者への力による管理や、地域社会での生きづらさが精神障がい者を追い詰めた結果、家庭で傍らにいる家族に暴力として向かう、そのような側面だった。更には、やっとの思いで支援を求めた家族に対して、支援者は支援の手を差し伸べようとしない現実があった。問題の根底には、精神保健医療に蔓延する支援者の倫理的感受性（道徳的な感性）の低さがあると考える。この余りにも大きな問題に私はどう立ち向かえばよいのだろうか。その答えをすぐに見つけることはできなかった。

家庭に置き去りにされた家族と当事者を見て見ぬふりをしないために、逃げずに闘うために、自分が何をすべきか、悩んだ。前作を書きながら、各地で講演をしたり、多くの人に意見を求めて、その答えを探していた。暴力を受けた家族の多くは、なぜ当事者が暴力をふるったのか、その理由を知らない。暴力が収まった後にその話題を持ち出せば、次の暴力の引き金になりかねないという危惧がある。また、理由を聞いても当事者が説明できないこともある。ある脳研究者は、暴力は本人が意識していない無意識で起きるだろうと言った。確かに無意識に起きる暴力もあるだろう。しかし、当事者がなぜ家族に暴力を向けるのか、当事者の認識を把握することは、家族への暴力を考える上で、必要不可欠だと思っていた。

百人規模の講演会でもそこに参加する当事者は、一人か二人。彼らは、自分が過去にふるった暴力に苦しみ、向き合おうとする人だった。その講演会を二回聴きに来てくれた唯一の当事者が、本書の編著者代表、堀合悠一郎さんである。彼に本を送った後、感想をもらった。講演会での発言や本の感想から読み取れる、彼の優れた洞察力。そして、温和そうな外見とは異なる、秘められた強さ。私の直感が働いた。研究の相談をするため、ＹＰＳ横浜ピアスタッフ協会の事務局でもある、「シャロームの家」（就労継続支援Ｂ型事業所）を訪れたのは、２０１６年12月。そこで待っていたのは、「シャロームの家」の利用者たち。悠一郎さんは暴力をふるった当事者であり、自分を責めているようだった。しかし、彼らは、家族への暴力という深刻な問題だからこそ、明るく発信していけばよいのではないかと言ったのだ。そこで例えばラップなんかどうだろうと、本書にも出てくる荒木雅也さんがラップを披露してくれた。この勇敢かつ愉快な当事者たちに出会って、私は自分がすべきことに答えを見つけた。そして、すぐに研究助成を申請した。

常に問題解決に向けて動き続けること。それが大事だと思った。お金が無くてもできることを考え、本書を当事者発で作成することを提案した。当事者のＳＯＳを彼らの言葉で書く。単なる体験談ではなく、社会に向けた明確なメッセージがあり、受け手に伝わる本にすることを目指した。「難しい」と明石書店の担当、深澤さんの言葉。しかし、深澤さんは、この挑戦的取り組みにつきあってくれた。毎月開催する編集会議には、多いときで15名の当事者が集まり、家族に、関係者に、そして社会に、何を伝えたいかを何度も議論した。深澤さんの他、家族会、報道関係の人からも意見をもらった。

この本は、当事者が自らの体験に基づき、意見を戦わせながら、合意したメッセージを発信している。これは、同じ苦境にある者が直の体験から得た情報や知恵であり、自己や仲間との会話において意味が見出された、「体験的知識」[1]と言われる、「専門的知識」とは異なる価値ある知識である。皆が実際に体験した苦しみや喜びといった感情も詰まっている。体験した者同士が共有しなければ得られないことが詰まった、他に類を見ない画期的な書だ。少し先を行く当事者からの、このプレゼントが、今なお家庭で苦しむ家族と当事者に希望を与えられるものであることを願う。

前作著者、編著者

蔭山正子

（1）Borkman, T. "Experience knowledge : A new concept for the analysis of self-help groups." *Social Services Review*, 50 (3); 445-456, 1976.

＊目次

序章

堀合研二郎

皆さま。『当事者が語る精神障がいとリカバリー――続・精神障がい者の家族への暴力というSOS』の世界にようこそお越しくださいました。

この長大なるタイトルの本書を読み進めていただく前に、ここで簡単な紹介をさせていただきましょう。皆さまがこの本をより楽しんで読んでいただけるように、あるいはより役立てていただけるように、ちょっとしたお手伝いをさせていただこうと思ってこの文章を書いております。もちろん「さっさと本題に入りたいんだ！」という方は、この序章の部分はすっ飛ばして下さって結構であります。なにごとも強制はよくない！と私も思っておりますから。

さて、それでは紹介を始めさせていただきましょうか。Ladies and Gentlemen！ 準備はよろしいかな？

今さら言うまでもないことかもしれませんが、本書は『精神障がい者の家族への暴力というSOS』の続編として書かれたものです。この前著は皆さんも読んで下さっていますか？ まだという方は是非お手に取っていただきたいですね。今だに書店に平積みされてたりするので、立ち読みだけでもよかったらどうぞ（私がこんなこと言ってたって出版社の人には内緒だよ！）。まだ読んでいないという方のためにも、読んだけど内容忘れちゃったという方のためにも、前著についてちょっとだけ私が振り返ってみましょうか。本当にちょっとだけね。

前著で画期的だったところ。それは精神障がい者の家族への暴力が、実際にかなりあるということを明確に証明したこと。聞いてみて全く意外な感じはしないこの事実だけど、はっきりと学術的研究として証明したのは初めてのことだったそうです。

そして、その暴力は、精神障がい者がやりたくてやっているわけではなくて、なにかしらのSOSの表現としてあらわれたものであると定義づけられているところ。私たち精神障がい者も、加害者というよりは被害者に近いということがはっきりと説明されていました。

さらに、前著において最も重要な部分。それはやはりなんと言っても、精神障がい当事者のご家族たちの赤裸々な体験談がたっぷりと語られていたところでしょう。

暴力という根深い問題を解決に導くために、その当事者たちが事実をありのままに語るということは必要不可欠なことだと私は思います。前著がその一方の当事者であるご家族からの語りに満ち溢れたものでした。となれば？

もう私の言いたいことはわかっていただけましたね？

そうです。この本は、私たち精神障がい当事者からの「アンサー」なのです。アンサーと言っても「答え」などという大それたものではなく「返事」に近いと思ってください。なぜ、家族に暴力を振るってしまったのか。どういう心理が働いていたのか。真に伝えたかったことはなんだったのか。

私たち精神障がい当事者が必死に考え、議論に議論を重ね、ある人はペンだこをいくつもつくり、またある人はキーボードを叩きすぎて腱鞘炎になり、そして私は締め切り催促の電話に怯え続けながらやっとの思いで完成させたのが本書というわけです。

家族への暴力というカミングアウトしづらいテーマゆえ、体験を開示してもいいという協力者が集まりづらかったというのも事実です。しかし、そこは同じ障がいや疾患を抱えた当事者であれば気持ちは共有できるだろう。私たちはそう考えました。暴力へとつながる「辛さ」。それは各々固有のものというよりはみんなが共通体験しているものではないか。実際、本書を作るための会議の場や、原稿を回し読む際に、いわゆる「あるある」的なネタで盛り上がることが幾度となくありました。

私たちがテーマとして設定した「辛さ」は大きく三つ。

●病気の辛さをわかってもらえない辛さ（第1章 堀合悠一郎）

- 医療での傷つき（第4章 堀合研二郎）
- 地域社会での生きづらさ（第5章 相沢隆司）

病気そのものが辛いのは当たり前のことですが、精神障がいの場合は痛みや具体的な生命の危機に直面することが少ないためか、その辛さを他人にわかってもらえないことが多々あり、そのわかってもらえないことが「辛い」というのはどの当事者も思い悩むことのようです。

医療の問題もよく語られることですね。強制的な入院。隔離と身体拘束。多剤併用などなど。本来助けとなるべきものがそうはなっていない現実。精神障がいを患う＝医療とつながるわけですから、避けては通れない課題です。

そして、地域社会での生きづらさ。これは仕事や学業の停止とセットであることの多い精神障がいの発症と療養において多くの当事者が感じることのようです。家族、ご近所、親戚、世間体。健康であれば自分にとってなんてことはない人々が、障がいを帯びたことで辛さを感じさせる存在になってしまうということ。これは当事者でなければ非常にわかりづらいことかもしれませんね。

精神障がいに共通する辛さについてはこれらの章でとりあげ、さらに第2章では暴力の原因となる各精神障がい（統合失調症、双極性障害、依存症）とはそもそもどういうものなのかを、その障がいの当事者が実体験を交えて考察しています。

第3章では、第1章の「病気の辛さをわかってもらえない辛さ」から展開しての「わかってもらうための暴力」。

第6章では精神障がい者の「リカバリー」とはそもそもどういうものかをとりあげます。医療、福祉、仕事、恋愛、結婚、育児。リカバリーに終わりはない！のかな？

そして第7章で「今後に向けて」の考察を行い、本書を締めくくる、となっております。

さて皆さまいかがでしょうか。「本編を早く読みたい！」と期待に胸躍らせる心境になっていただけたならこれ幸いであります。

それでは、私たち精神障がい者の描いためくるめくSOSとリカバリーの世界に旅立っていただきましょう。実り多きご多幸なる旅路となることを願っております。お気をつけて行ってらっしゃいませ！

登場人物（主な担当章もしくは初出の箇所を紹介）

案内役

堀合研二郎

自信過剰でナルシスト。せっかちで荒っぽく、なおかつジェントルマン。持てる全てを洋服に注ぎ込む。「人は見た目が10割」が持論。こう言うとやな奴っぽいが実は結構いい奴。要するに偽悪者なんだろうね。ちなみに、この登場人物コーナーは私が書いている。

第1章

堀合悠一郎

頭脳明晰、博識、博学、秀才かつ私の兄。休日は美術館に行ったり本を読んだりしているが、これ以上頭良くなってどうするんだろう？　ルックス的には眼鏡猿で手長猿。歩く距離が異常。渋谷から三鷹まで歩いたりするらしい。

第2章

新谷総太

パソコンとしゃぶしゃぶ食べ放題をこよなく愛する男。寡黙だが、しゃべり出すとけっこうしゃべる。意外に何ごとにも積極的。意外に女性にも積極的。ちなみに私が仕事場で愛用するパソコンはこの人がセッティングしてくれた。ありがとう！

前田直樹

常にアニマル柄の服を身に纏う身の丈九尺はあろうかという巨人。趣味は多分サッカー。結構強豪校の出身らしい。酒を飲み、タバコをふかし、ボールを蹴る。そして子育てする。だけど多分そこは嫁任せ。

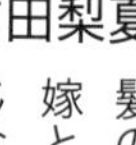

前田梨夏

髪の毛の色も洋服の色も極彩色。常に旦那とセット。いや、旦那が嫁とセットなのか。見るからに頼りになりそう。たくましさしか感じない。旦那との出会いは……。これは内緒にしておこう。

（前田直樹さんの妻、第6章でも執筆）

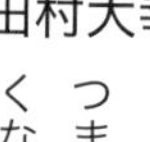

田村大幸

ＹＰＳのマウンテンゴリラ。そしてバスケットボールプレイヤー。つまりはバスケットボールをするマウンテンゴリラ。全くおもしろくない話を延々とし続けられるという異才の持ち主。気は優しくて力持ち。とでも言っておこう。

荒木雅也

ラップをするアダルトチルドレン。甘えん坊の自称ジャニーズ系。ＹＰＳの普及啓発部リーダーで共同代表。肩書きが大好きらしいので紹介してあげた。祖母が金持ちらしい。羨ましいな。

第3章

桃太郎

年齢・性別不詳とさせてください。ただ桃太郎さんは仲間という真実が在り、その文章は永遠です。

［福島政雄］

藤井哲也

YPSのミスター精神障がい者。障がい者人生を生き抜くことをテーゼとする信念の人。饒舌かつ何を言ってるのかよくわからない。文才溢れるがとんでもない悪筆。そして常にカメラと三脚を持ち歩いているYPSのパパラッチ！

第4章

山田潤

自閉症の中小企業診断士。自閉症の行政書士。この本が出る頃にはたぶん自閉症の精神保健福祉士になってるだろう。日英韓3か国語を操り、マラソンに備えて毎日走る。走る！　真冬でも上着を着ない。シャツ一枚。寒くないの？

第5章

相沢隆司

見た目はかなりサラリーマン。話してみてもやっぱりサラリーマン。整った顔立ちに毛並みの良さを感じる。わりといい感じの家系なのだろう。工学部出身の理系脳の人。趣味はオーディオ。愛妻家。かどうかは知らん。

第6章

根本俊史

男女の出会いの場「めんちゃれ」を主催する男。会話能力に長けていて裏表が全くない。常に一定。タモリみたい。いいかげんで適当な奴だがそこがいい。付き合っていてムチャクチャ楽！　そしてテレビゲームをやり続ける。

第7章

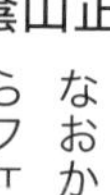

蔭山正子

熱血で鉄血で情熱家。正義感が強く意志を曲げない。正に「鉄の女」。なおかつ意外に柔軟、合理的。そして美人でわがまま。車で言ったらフェラーリ。誰が乗りこなせるのか?!

福島政雄

テニス大好き、ＹＰＳの松岡修造。ぶっちぎりに熱い。映画も大好き。見方がなんかマニアック。文学も大好き。自分で書いたりもする。娘と一緒にヴァイオリンを弾いたりもする。腰が低く眉毛が太く、体は異様にしまってる。

黒木実生

基本がノーメイク。基本が笑顔。正に「笑顔に勝る化粧無し」の体現者。そして悩み多き教育者。呼吸をするようになにかに悩む。いつもなにかに悩んでいる。だけど結構楽しそうだぞ！

ＹＰＳ活動紹介

住友健治

ギリシャ神話の登場人物っぽいルックスのＹＰＳの会長様。目上からやけに可愛がられるタイプ。恋愛については江戸時代の田舎侍なみに奥手。傷つくのが嫌なんだって？　会長。頼みます！

似顔絵担当

渡邊遥

執筆各位の似顔絵こそ、才能溢れる渡辺才女の作品。才能とは「他者のための創造で開花し無限になる」とはイギリスのアーチストの言葉ですが、遥女史を見ていると深く頷けます。

［福島政雄］

本書における用語の定義

暴力：身体的暴力だけでなく、精神的暴力、性的暴力を含む。身体的暴力とは、死・障がい・怪我・損害の原因となりうる身体的な力の行使とする（人への直接的暴力や物への暴力を含み、実害に至らなかったとしても可能性があった場合を含む）。精神的暴力とは、精神的・感情的に危害を加える、もしくは、コントロールする言語的・非言語的コミュニケーションとする。精神的暴力の中には、「死ね」「殺すぞ」などの脅迫や傷つける言葉やメール文、何時間も話を聞くことを強要することなども含む。本書において「虐待」という言葉は使わない。「虐待」とは、養護される人が暴力をふるわれた場合を指し、本書の「暴力」は養護される人が暴力を振るう場合を扱う。英語でドメスティック・バイオレンス（DV）は家庭内暴力を意味する場合もあるが、多くは配偶者・パートナー間の暴力を指す。そのため、本書の扱う「暴力」は、疾患や障がいのある子から親への暴力であり、DVとも異なる。

障がい者、当事者、患者、本人：精神疾患・精神障がいのある人。精神障がいとは、一般的には、日常生活や社会参加に困難をきたす状態が一定期間継続している状態を言う。精神疾患には一過性のものも含まれ、日常生活や社会参加に困難をきたしていない状態の人も含まれる。

家族：精神疾患・精神障がいのある人の家族。

支援者：保健医療福祉について専門的な教育を受けて資格を持った人。医師、看護師、精神保健福祉士、保健師、臨床心理士、作業療法士、介護福祉士等を指す。

コメディカル、コメディカルスタッフ：医師以外の医療従事者。看護師、精神保健福祉士、臨床心理士、理学療法士、作業療法士など。

ひきこもり：厚生労働科学研究「思春期のひきこもりをもたらす精神科疾患の実態把握と精神医学的治

療・援助システムの構築に関する研究（平成19年）」は、ひきこもりを以下のように定義した。「様々な要因の結果として社会的参加（義務教育を含む就学、非常勤職を含む就労、家庭外での交遊など）を回避し、原則的には６か月以上にわたって概ね家庭にとどまり続けている状態（他者と交わらない形での外出をしていてもよい）を指す現象概念である。なお、ひきこもりは原則として統合失調症の陽性あるいは陰性症状に基づくひきこもり状態とは一線を画した非精神病性の現象とするが、実際には確定診断がなされる前の統合失調症が含まれている可能性は低くないことに留意すべきである」。しかし、本書では、この定義にこだわらず、一般的な定義「自宅や自室に長期間とじこもり、他人や社会と接触しないで生活する状態」（『広辞苑』第六版）として用いている。

リカバリー：精神疾患のある人のリカバリーとは、たとえ疾患による限界があっても満足のいく、希望のある、そして貢献する人生の生き方であり、精神疾患という衝撃的な影響を乗り越えて、新しい人生の意味や目的を見出す、そのプロセス[2]。

〈免責事項〉

本書に記載している内容の通りに行動して、トラブルや損失・損害等がおきても一切責任は負わない。

［蔭山正子］

（2） Anthony, W. A. "Recovery from mental illness: The guiding vision of the mental health service system in the 1990s." *Psychiatr.Rehabil.J.* 16（4）: 11-23, 1993.

第Ⅰ部

精神障がい者にとって精神障がいとは

第Ⅰ部は、第1章「病気の辛さをわかってもらえない辛さ」と第2章「精神障がいとは」から成ります。精神障がいとは、未だ原因不明の病気であり、外見からも判断ができず、血液データや画像などの客観的指標で判断することもできません。つまり、周囲の人にとっても、精神障がい当事者にとっても、わかりにくい病気です。そのため、病気や障がいを理解することは簡単なことではありません。また、専門書を読んだり、講演を聞いて専門的知識をいくら得たとしても、病気になった彼らの体験や気持ちを理解することはできません。彼らの生の声、実体験を聴くことなしに、なぜ家族に暴力を向けることになったのかを理解することは不可能です。

第1章で当事者の辛さを取り上げます。前作『精神障がい者の家族への暴力というSOS』では、家族への暴力を当事者のSOSとして捉えています。SOSが出るということは、当事者には家族に暴力として向けるしかなかった耐えがたい苦しみがあるということを意味します。そのため、読者の皆様には、まず、精神疾患を患うことがなぜ辛いのかを理解してもらいたいと思います。

第2章では、精神疾患・精神障がいのうち、統合失調症、双極性障害（躁うつ病）、依存症の三つを取り上げ、疾患の基礎知識をもっていただきたいと思います。統合失調症と双極性障害は、精神障がいを代表する疾患であり、依存症は家族への暴力と関連の強い疾患です。

統合失調症を新谷総太さん、双極性障害を田村大幸さん、依存症を荒木雅也さんが、疾患を患う当事者としてご自身の体験と専門的知識を使いながら説明しています。また、疾患の説明に留まらず、どのようにリカバリーにつながったのか、彼らの人生も書いてもらいました。また、疾患と家族への暴力の関係性を理解するために、コラムとして、統合失調症の妄想や認知機能障害（堀合悠一郎さん）、衝動性（前田直樹さん）、薬（相沢隆司さん）を取り上げました。それぞれの担当の方に、家族への暴力との関係性があったと考えられるエピソードを書いてもらいました。

［蔭山正子］

第1章　病気の辛さをわかってもらえない辛さ

堀合悠一郎

私は精神障がい当事者です。いきなりそう書くなんて、普通の自己紹介ではないと思われることでしょう。これには目的があります。精神障がい当事者の「病気による辛さを周りに理解してもらえない辛さ」を理解してもらうという目的です。「理解してもらえない辛さを理解してもらう」、まるで言葉遊びのようですが、これは、多くの精神障がい当事者が持つ願いです。僕も同じ願いを持っています。そもそも、自分のことを理解してほしいと願うこと自体、ややもすると病的ではないかと思われるかもしれません。もっともだと思います。僕も実は、自分で自分のことをよくわかっていない、と思うことがよくあります。「自分の思い、考え、愚痴、そんなの、別に聞いてもらえ

なくてもどうってことない」、そう考えられる一方で、でもやはり心の病の辛さだけは、誰かに聞いてもらえなければ気が済まなかったのだと、実体験を通して実感しています。

さて、話を少し立体的に聞いてもらうために、僕の自己紹介をしたいと思います。僕は１９７８年に東京都で生まれました。製薬会社の研究員の父と教師の母の間にできた二人兄弟の長子です。二つ下に弟がいます。小さい頃は、両親が仕事で忙しかったため、同居していた父方の祖母が面倒を見てくれました。僕の関心は「車」一般に引きつけられ、近所にあった清掃工場へゴミ収集車を見物に行ったときは、大変満足した表情でひたすらゴミ収集車を眺めていたそうです。見るだけでは飽き足らず、広告紙の裏に自分が想像した車の絵を描いたりもしていました。

4歳の時に、父の転勤に伴い兵庫県に移住します。そこでいくつか、大きな変化がありました。一つは、母が仕事を辞めて専業主婦になり、母と一緒に過ごす時間がぐっと増えたこと、もう一つは、関西弁がよくわからなかったことです。周りの子どもたちは皆、関西弁を話している。そして僕には、大体のところは話の内容をわかっているつもりでも、大事な部分を正しく理解できない。特にわからなかったのが、「よして」というフレーズでした。これは「寄せて」つまり仲間に入れてほしい、という意味なのですが、これを僕は関東弁から想像して「やめて」という意味にとっていました。そうしてしばらくの間、「よして（一緒に遊ぼう）」と寄ってくる子どもたちから逃げ続けていたのです。これは周りにずいぶん悪い印象を与えたと思います。言葉なんてなかったらこんな誤解をしなくて済むのに、と思った人生最初の出来事です。

そしてもう一つ、僕にとって象徴的な出来事が、小学2年生の時にありました。晴れた日の昼下がり、一人で下校していた時のことです。道すがら、のんびり歩いているとなりのクラスの小グループと出会い、合流しました。明るく気のいい子たちだと知っていたので、自然とこころが和み、僕はそのグループにいつもいる子がいないのが気になって、「～君はどうしたの？」と聞きました。すると一人の子が、「～くんね、死んじゃったよ」と明るい声で言います。「おっと、それは大変、本当なの？」と、僕は問いつめます。するとその子たちは考えこんで、ちゃんとした答えが返ってこない。もうその時点で、冗談だと気付くべきなのでしょう。でも僕は気付けなかった。冗談のわからない子どもだったのです。

冗談はわからないなりに小学生時代は過ぎ、中学生となりました。そして中学1年生の2学期から、不登校になります。コミュニケーションに難しさを抱える児童生徒が不登校になる話は、これをお読みの皆さんはいやというほど聞いていることでしょう。ここでは手短かに要点だけお伝えしたいと思います。つまるところ、「僕自身にも原因がわからない」ということなのです。具体的な身体、精神面の変調は多々ありました。夜眠れない、朝起きられない、学校の授業が急に頭に入らなくなる。頭がぼんやりする、何もする気になれない……でもこれらは心と身体の反応で、何がこれらを引き起こしているのか、全く見当がつかないのです。母親は、当時普及しつつあったアダルト・チルドレン(3)という言葉を持ち出し、「祖父母の代からの家庭の問題が自分の不調に現れているということだから、不登校はお前の責任じゃない」と言ってくれました。そう言われて、その時その場では少し心が軽くなりましたが、それはまた自分の不調が簡単に治せるものではないことを暗に示していたのだと思います。

結局中学時代の残りは社会的ひきこもり状態で過ごし、高校は出ておいた方が良いと思ったので、遠くの地方の、不登校生をたくさん受け入れている高校に行きました。そこでも、2年生の2学期に不登校になり、3年生の夏には不穏になったため寮から自宅に帰され、単位制に移籍してなんとか卒業します。その、不穏になった時、暴力が出ました。寮の自室のドアを蹴って穴をあけ、自分の制服をカッターナイフで切り刻み……何を感じてそんなことをしていたのか、もう思い出せないのですが、自分が許せなかったのは、自分自身だったのだと思います。漠然と、大学に進学したい、という思いを抱えながら、高校生活はフェイドアウト、親からは進学を止められ、病気の治療に専念するよう言い渡されました。ついにきたか、というのがその時の実感です。これでやっと自分自身に向き合える、という安堵に似た気持ちがありました。

まだ18歳だったので、母の知人の小児精神科医の診察を受け、すぐに通院、薬物治療が始まります。初めての診察で、「必ずよくなるから、辛抱強く薬を飲んでくれ」と力を込めて語る医師。また、何度目かの診察で、「実は今の医学では精神病のことはわかっていないことが多い。だけど統合失調症の3分の2は回復すると言われている」と語る、同じ医師。この「わかっていない」というフレーズは、希望を含んだものに聞こえました。「医師もこういうことを言うのだ。わからないことをわからないと言う、これはとても誠実な態度ではないだろうか。今までの自分に欠けていたのは、このことかもしれない……」。何かが始まる、そんな思いとともに、僕の療養生活はスタートしました。

ここで、最初のテーマに一度戻りたいと思います。理解されない辛さ、その根底には、僕の主治医が言ったように、「今の医学ではまだ精神病の原因が解明されていない」ことがあるのではないでしょうか。では、そこを、僕ら精神障がい当事者はどう伝えていけばいいのか、考えていきたいと思います。

1．病気の原因がわからない

精神の病気には、実に様々な症状が伴います。薬の副作用も含めると、非常に多岐にわたります。そしてそれらの症状によってもたらされる辛さもいろいろです。しかし、一つだけ全ての症状に共通した辛さがあると思います。それは、「なぜ、自分は調子が悪いのか、うまく伝えられない」という辛さです。その辛さゆえに、具合が悪い時は、「自分で自分の具合の悪さをうまく把握していない前提で接してほしい」と周りに求めてしまいます。周りにとっては、大きな負担でしょう。辛さの原因はわからないけれどその辛さは理解してほしい、言い換えると、本人も理解していないことを他者に「理解してほしい」、と求めているのです。理解できないことは理解できないと言って

（3）アダルト・チルドレン（ＡＣ）とは、苛酷な環境を生き延びて大人になったものの、生きることに困難を感じている人々のことを言う。当初は、アルコール依存症の親とその配偶者や子どものことを指していたが、その後、機能不全をきたしている家族の中で育った子どもたちについても用いられるようになった（斉藤学『子どもの愛し方がわからない親たち』講談社、１９９２）。

周りにも無理に理解を求めないのが、誠実な姿勢かもしれません。でも、すんなりとそうは言えない難しさがあります。それは、たとえ理解してもらえなくても、ただ話を聞いてもらえることで気が紛れ辛さが収まることがしばしばあるからです。それは、たとえその聞き手が「あなたの辛さは私には想像するほかない。何をやってもあなたの辛さを私が感じることはできない」と語ったとしても変わらないでしょう。僕の父はある時、辛さを訴える僕に対し、「お前の辛さは半分くらいわかるよ」と言ってくれました。研究者の父らしい物言いだけれど、僕には十分すぎる一言だったと思います。僕が小さい頃から、仕事の忙しさもあり、かかわりの薄い父親だっただけに、病気のことなど理解されない前提で考えていました。

僕の場合、そうした辛さは、具体的には、過度の眠気やお腹のゆるさなどの薬の副作用と思われるものから、思考の混乱といった病気の主症状まで、個別にはそれほど重篤なものはないけれど、それらが組み合わさって日常生活の諸処にまとわりついてくると、なかなか手強いです。そうした辛さを表すのに、精神保健福祉の世界では、「生活のしづらさ」や「生きづらさ」という表現を使います。この二つは、精神障がいになじみのない一般の人にはどう響くでしょうか。わかりづらいことはないでしょうか。僕は精神障がい当事者として、それら「生活のしづらさ」をもっと日常的な表現で伝えていくことが、一つの務めであると感じています。それがこの本の役目の一つでもあります。では、つぎは、ひきこもりとの関連で、精神障がい当事者の辛さを見ていこうと思います。

2. ひきこもりと自己形成期

　事実、僕は中学時代のほとんどを社会的ひきこもり状態で過ごしています。小さい頃から何となく感じていたコミュニケーションの苦手意識、冗談がわからないことや、自己主張を程よくできないこと、それらが直接ひきこもりの原因になったかというと、それはわからない、というのが実感です。ひきこもりになると、確かに人と会う機会が減り、対人関係の負担は軽くなります。でも、少し落ち着いて、エネルギーが出てくると、今度は、「ひきこもることで、自分は逃げているのではないか」と、自責の思いが強くなりました。「逃げていた」ことの一つが、面倒な人間関係に悩むことです。

　逃げていると意識しているということは、興味を感じ始めていたということかもしれません。自分も面倒な人間関係の渦中に飛び込み、そこから世界を見てみたい……それを密かに願っていたことが原因かはわからないですが、高校では、その願いが実現したかのように、複雑な人間関係が待っていました。好意と悪意、愛憎関係、社交辞令と本音のぶつけ合い、それらがからみ合ったごたごたの日常に参ってしまい、再びひきこもりになったのが、高校2年の時です。同級生たちは、こんなごたごたが平気なのか？　むしろ楽しんですらいるように見えるが本当か？　一体どんな準備をすれば、この混乱に耐えられるようになるのか、皆目見当がつきませんでした。中学時代にひきこもった自分の選択を呪ってみても、全て手遅れに思えます。必要な道具を何も持たずに、人生という急行列車に飛び乗ってしまった。どこで道具を手に入れられるのかわからない。飛び降りたら、きっと死んでしまうだろう、飛び降りてはならない。今はやり過ごそう。できることをしよう。きっと、その「できること」というのが、ひきこもることだったのです。

ひきこもっていた時、テレビゲームをずいぶんたくさんやりました。一つのゲームをクリアすると、映画の最後みたいに、製作に参加した人たちの名前がずらずらと画面に出てきます。その人数の多さには驚きました。子どもにとって有害だと、事あるごとに言われるテレビゲームですが、本当は多くの人たちが共同作業で作り上げた芸術作品なのではないか、その中に学ぶべきことがないはずはない、と今は思います。実際、大人になってからホメロス(4)などを少しかじった時、ゲームに引用されているエピソードが多いことに気付き、古典への素地を作ってくれる存在でもあったのだと、感慨深くもありました。そう、今思い返してみるとそう思えますが、それは、長い向き合いの時間を経たから、いろいろと前向きに解釈しよう、と考えてきた末に自分の中で納得できたことで、病気の治療を始めた20歳前後の頃は、テレビゲームばかりしていた頃のことを、ずいぶん悪く考えていました。運動をしなかった、友達付き合いをしなかった、恋愛もしなかった、読書量も少なかった……それら全てが、自分の青春時代の欠落を意味しているようで、いたたまれませんでした。

ひきこもると、世間が狭くなる。生活の場から学校を失い、家が自分にとっての全世界になる。家にいる他に選択肢がないと、家での居心地の良し悪しが死活問題になる。母親との関係が悪くなると、逃げ場はない。ひきこもりを選択した、選択せざるをえなかったことで、自分を追い込んでしまった。親のことも、きっと追い込んだ。でも、母は、強かったのです。不登校の子どもをもつ親の会で出会った仲間と出かけたり、趣味のインテリアやガーデニングを楽しんでいました。当時の僕は、「こんなに苦しんでいる我が子をよそに、自分だけ楽しんでずるい」と思っていましたが、今思い返してみると、母に仲間や趣味があることで、きっと僕も救われていたのだと思います。何でも悪く考えるようにしていた自分の心の持ち方の底には、「自分はひきこもりだから、何をやってもだめなんだ」という自分に対するレッテル張り（セルフ・スティグマ＝自分に対する差別・偏見）があったのかもしれません。我が子が、自己否定的な考えにとらわれ、そこから抜け出せないでいるとしたら、親はきっと辛いでしょう。子どもの自己否定的感情の理由の一つが、まさにそうして親に辛い思いをさせていることだとしたら、どうでしょうか。この悪循環を抜けるには、どうすればよいのでしょうか。

3. 調子が悪い時も、外見に表れない

そんな風に悩む僕に、皆クールにこう言います。「君は別に大丈夫に見えるけど、どうかしたの？」。僕は精神的にうつ状態になってもあまり外見に出ないらしく、「言わなきゃわからないから、黙って調子の良いふりをしていればいい」とも言われます。あえて言語化しないことで、自己暗示

（4）　古代ギリシャの詩人。西洋文学の父祖。

のワナを逃れる戦術です。このやりかたは、作業所に通い出し軽い仕事を始めた頃から、とても役にたちました。何かを言うのでなく、言わないことで自己暗示を避ける。何もしないで考え方だけ変えればいい。人と協力して作業をしなければならない時、ネガティブな話をしないで済むと事の運びが早いのです。では、この話はもうこれでいいのでしょうか。ちょっと待ってください。ここで辛さを伝えるのが僕の仕事、しばし、痛みと苦しみの普遍性の世界にお付き合いを。

一見、何も問題がなさそうな青年。髪は整え、ヒゲもそり、服も洗濯してある。おしゃれにも気を使っているのがわかる。心の中では、激しい自己否定的感情に支配されている。薬の副作用の便秘をおさえるため飲んでいる下剤のせいでお腹がゆるく、常にトイレの場所を気にしている。音に敏感で、バスのエンジン音に耐えられずバスが通るごとに耳を覆っている。チック症の影響で口が開いている。表情をうまくコントロールできない。対人不安のため、すれ違う人たちの顔を直視できない。疲れてくると目の焦点が合わなくなり、ダブル・ヴィジョンを来す。手が震える。これらが、しばしば重なって起こる。いつからこうした症状が出るようになったか考えると、薬を飲み始め、用量が安定してきた時期と重なる……これらは薬の副作用なのか？　ネガティブな思考は多分病気の影響で、身体症状は多分薬の副作用、そう思い込んでいる……20歳の頃の僕の体験です。自分のからだは、病気と、薬と、自尊心がぶつかり合う戦場になっていました。僕の身体は大変なことになっている、これは皆に知ってほしい、と、考えてしまう。そんな僕に母は言います、「そういう話を聞くと私も辛くなるからやめてくれ」……では、誰に話を聞いてもらえばいいのでしょうか。こうした経験をした人たちが集まって、自助グループなるものが始まったのかもしれません。

辛さを徹底的に話していい場所。程なく、僕もそうした場につながることになります。精神科デイケアでの、メンバーを固定したバーバル・グループ（集団精神療法の一種）です。

辛さを内に抱えて涼しい顔をし続けられる人もいるかも知れません。辛さに対する許容量が大きいのなら、そうできるのが一番いいのでしょう。でも僕は、なんでも話せる場があることに救われました。また、そうした場の存在がわかったことで、必要な時は黙って耐えることが少しずつできるようにもなりました。それは特別な場所でなくても、聞き上手な人が居ればいいのです。僕自身、話の聞き方を学んだ経験が、自分自身の辛さと向き合う上でずいぶん助けになりました。裏を返せば、20歳そこそこの時点では、病気の辛さと向き合う準備ができていなかった、ということになります。コミュニケーションの難しさを引きずって成長してきたことが、ここでもボディーブローのようにじわじわと効いています。そんな自分が衝動性を解き放てる行為が暴力でした。辛さを訴える行為として、相手に苦痛を与える暴力は、まさにうってつけです。僕の苦しみがわからないのなら、あなたも苦しめてやろう。直接的な暴力はふるわなかったけれど、壁に穴をあけたり、家具を壊したり……ある時期、そうしたことをしていました。壁の穴や壊れた家具は僕の苦しみの記念碑になります。ありがたくない記念碑ですね。でも、作られてしまったものは仕方がありません。一見平和に見える家庭の無傷の家具や壁は、とてもデリケートな平衡状態を表しています。病気の辛さは、そんな家の様子にも魔手を伸ばす……。

多くの精神障がい当事者が、そうした暴力を経験した後、別人のように穏やかで、十分に社交的な、とても良い人になってゆくことを、多くの人との出会いのなかで知りました。暴力を肯定するわけではありません。しかし、自己否定的な感情の辛さに追いつめられた経験を持つ精神障がい当事者として、そこで爆発する感情があることは、伝えなくてはならないのだと思います。暴力は苦しみに向き合い、それを克服していくきっかけになりうる……だけれど、それは暴力が誰かの身体と心を深く傷つけるに至らずにすんだ場合に言えることなのでしょう。暴力が、誰かの命に終わりをもたらすことは絶対に防がなくてはならない、と、強く感じます。

4．陰性症状──怠けていると思われる

精神障がいの辛さの一つに、陰性症状があります。意欲が低下し、頭の働きも鈍る。これはしばしば、思考力の低下を伴います。多くの人は、自分の能力について、ある程度はっきりとしたイメージをもっていることでしょう。自分はこれこれのことをこれくらいできる、という感覚です。陰性症状が出ると、しばしば、それまでできていたはずのことが、同じようにうまくはできなくなります。自分の能力に対する自信は大きく傷つくのではないでしょうか。これは一時的なもので、しっかり休んで治療すれば元に戻る、と、医師からは言われても、簡単には受け入れがたいことでしょう。今現在、能力が落ちているということは、ある意味どうしようもありません。学業や仕事での能力競争を生きてきた人にとって、とても辛いことです。デイケアや社会復帰施設の、競争的要素を排した環境に、自分が社会の一線から「降りた」と改めて感じ、屈辱を感じる人も少なくな

いことと思います。こうしたことの原因となる陰性症状にはまだ決定的な治療法はなく、非定型抗精神病薬と社会的リハビリテーションの組み合わせが現状では最も有効だと言われています。自分の能力の低下を意識するのは、多くの人にとっては加齢により心身が老化しだしてからでしょう。精神障がい当事者はそれを、しばしばとても早い段階で（人によっては20代で）体験します。20代と言えば、世間一般ではまだ伸び盛りの年頃です。その年頃で能力の低下を感じる辛さを推してほしいと思います。もちろん、精神障がい当事者もただ自分の能力の低下を甘んじて受けているわけではありません。デイケアや作業所では時々、資格試験のことが話題に上ったりもします。漢検、英検から、福祉関連の国家資格まで、様々です。そうした話を聞いていると、自分もやる気を焚き付けられる気がします。具体的な目標ができると、その達成に必要なことも整理されてくる……陰性症状で下がった（と感じられる）能力とは別に、病気を含む様々な経験を経たことで得た力もあることに気付くこともあります。精神障がい当事者が集まる場は、互いにそうした気付きを交換する場でもあるのだと思います。

当事者本人が主観的に自身の能力の低下を感じている一方、家族は、本人がのんびりゆったりしていると感じ、病気になる前後の過度の緊張状態から解き放たれたことをよく思っていることもあります。本人にとっては、自分の能力の低下を喜ばれているように感じ、複雑な気持ちにもなります。自分にはやるべきことがたくさんあるのに、薬のせいでこんなにぼうっとしていてよいはずがない、と思っている本人と、本人の燃え尽きを防ぐために処方された、緊張を和らげる薬。緊張を和らげる＝脳の働きを抑える、と過度に単純化して考え、薬を、能力を下げるものだ、と取ってしまう経験が僕にはあります。精神科の薬の怠薬や拒薬が問題になる度に、現状では根本的な解決策がないということを思い知らされます。精神障がい当事者として、服薬を続けながら元気になっていく人、状態が落ち着きつつ活動レベルを回復している人にたくさん出会いました。僕も含め、そうした人たちはともかく服薬を継続し、陰性症状も経験しています。相性の良い薬に巡り会ったり、家族の理解があったり、偶然の要素もあるのでしょう。一方で、薬の調整に苦戦する人も多いのが現実です。多剤多量処方がされていると、どの薬が問題となる副作用を引き起こしているのか特定が難しかったり、単剤処方でも、人によって合う薬と合わない薬の差が激しいこともあります。こうした薬の調整をしている間は、体調が不安定になることも多く、必然的に体調の安定を優先するため、仮にも能力の問題は後回しにされ、それが長期にわたることもしばしばです。これを読んでいる皆さんに考えてほしいと思います。必要であれば、一時的にでも自分の能力を下げる可能性のある薬を飲んでもよいと思うでしょうか。答えが出なくても、周りの人がこの問題について考えているということが、精神障がい当事者にとって大きな助けになると思います。

5．働くことのハードルが高い

働くことは、今の日本の精神障がい当事者の多くにとって、大きなチャレンジだと言えます。デイケアに通っていた頃や、そのもっと前の自分にとって、働くことは簡単にはイメージできませんでした。働くことはつまり、それまでにない深いレベルでの社会参加を意味します。そうしたレベルで社会に参加していくということは、過去に自分をめちゃくちゃにした社会の荒波に再びもまれに行くことも意味するでしょう。本当に、再びめちゃくちゃにされてしまうのではないかと、不安は大きいものがあります。なぜ、世間の人たちは当たり前のように仕事をし、人によってはうまい具合に転職などもやってのけるのか、皆目見当もつきませんでした。人として当たり前と思われることができないというのは、とても辛いことです。人は簡単に、職業のことを話題にするでしょう。働いていない時、床屋で職業を聞かれたら、どう答えればよいでしょうか。正直に病気のことを話すと、しばし同情モードになったあとさらりと映画や音楽に話題を移す美容師さんや、逆になぜ客に職業を聞くのか、と尋ねると、「仕事によってドレスコードがあり、客の職業がわかると、ここまでなら大丈夫、という髪型や髪色の奇抜さの限度がわかり、美容師として仕事がしやすくなる（折しも、ソフトモヒカンがはやっており、サラリーマンがどうモヒカンをごまかすかがファッション雑誌で話題になったりしていた）」と、丁寧に教えてくれる美容師さんなどもいました。そう、人は、他人の職業などどうでもよいからかえって話題にするのでしょう。理屈ではそうわかっていても、上述の床屋でのやり取りはとても疲れるものでした。床屋はいつでも替えられるけれど、これが近所の人相手だとそうはいきません。何か聞かれると面倒だという負担感から、僕は近所の人たちにあいさつすることができませんでした。向こうから声をかけてくれる人にはあいさつを返せるものの、あえてこちらから声をかけるとなると、難しいのです。よくないのはわかっていても、僕にとっては必死の防衛でした。デイケアで、終わってすぐに3時過ぎに帰宅すると近所の目がうるさいから6時位まで時間をつぶしてから帰宅するようにしている、という話を聞いたこともあります。働いているふりをするのです。なぜ、精神障がい当事者にとって、働くことはこんなにも悩ましいものなのでしょうか。世間一般の人たちとどこがどう違って、働くことがこんなに難しくなっているのでしょうか。人から職業を聞かれるということは、外見上、十分働ける状態に見えるのだと思います。

僕は34歳で初めて就職した時、自分の意識が大きく変わるのを感じました。不全感のようなものが解けると同時に、別の心配事がたくさん生じてきたのです。働くようになっても、自責の念は消えることなく、自分は精神疾患を抱えているゆえに二級市民なのだという思いも根強くあります。そうしたことを差し引いても、働くことが与える変化は経済面、環境面で大きいものだと思います。就労は精神障がい当事者にとってまだまだハードルが高く、どうすればこのハードルを下げられるか、各方面で取り組みが続いています。働きたいと思っていても、仕事探しに苦労している人、仕事を見つけても短期で離職する人など、人それぞれに苦労があり、働いていなくても、決して怠けているわけではありません。仕事をしない、という生き方もあると認めることで、かえって働きたい人は働きやすくなる、そんな社会を夢見ています。

ここまで、精神障がい当事者が生活の中で感じる「辛さをわかってもらえない辛さ」について書いてきました。読者の皆様はどのように感じられたでしょうか。様々な辛さは、しばしば日々の生活へのスパイスとなります。僕の働く福祉事業所に来る実習生たちはよく、「皆さん様々な体験をしていて人間として深みがありますね」というようなことを言っていきますが、わざわざそう言うということは、実習にくるまでは精神障がい者に対してなんらかの偏見をもっていたのだと思います。それをなんとか変えていきたい、そういう思いでこの本を書いている今、一つ思うことがあります。それは、自分の辛さをわかってもらう一番いい方法は、相手の辛さをわかろうとすることだ、ということです。精神障がい者だからといって、一方的にただ自分の辛さの理解を求めるのではなく、周りの人たちの辛さにも目を向ける。そのことが、お互いの理解を深め合う好循環をもたらします。理解が進めばもう、「わかった」「わかってくれない」といったことは逆説的にどうでもよくなるはずです。その先にある、当事者、家族、それぞれのリカバリーを祈願し、この章を終えたいと思います。

第1章を受けて

私は、保健所で保健師として5年の精神保健相談の業務経験があり、研究では精神障がい者家族会に約20年関わっている。第1章「病気の辛さをわかってもらえない辛さ」には、その私でさえ知らないことが多く書かれていた。

まず、当事者も自分の具合の悪さをよく把握していないということに驚いた。親が当事者から何時間も話を聞かされるという悩みは、時折家族会で共有される。当事者は自分でもわからない辛さについて、辛いということをただ聞いてもらうことで楽になる。しかし、聞く側は大変だ。感情的にならずに、共感をもって話を聞こうとするなら、聞く側が無理をしすぎないことも大切であろう。親も疲れていることをあえて伝え、最初に時間を決めてから話を聞くなど工夫しているという家族の話を聞く。しかし、親は親の役割しかとれない。わかり合える当事者の仲間や、信頼できる支援者の存在が当事者の人生に転機をもたらしたというのもよくある話だ。第三者の力も借りたい。

また、薬を飲むということを支援者や家族は簡単に考えすぎていたのかもしれないと思った。当事者によると、薬の副作用はそれまでの人生で経験したことのない苦痛だと言う。「僕の身体は大変なことになっている、これは皆に知ってほしい」と堀合悠一郎さんは書いている。薬を服用するには相当の覚悟がいるということだ。薬によって一時的にでも自分の能力が下がってしまうことも辛い。支援者は、過去の自分を忘れられない当事者のことを「あの人はプライドが高い」とよく言う。私はこの文章を読み、それを「プライドが高い」と表現することは間違っていると感じた。若くして自分が本来持っている能力が下がることは、誰しも受け入れ難いことのはず。薬を飲みたくないと思っても当然である。当事者の気持ちをもっと聴かないといけないと反省した。

家族に暴力が起きる場合、その多くで、当事者が家にひきこもっている。堀合悠一郎さんによると、家しか居場所がないとき、家での居心地の良し悪し、つまり同居家族との関係性が死活問題となる。私たちの調査では、約半数の親が当事者である子から病気を親のせいだと言われたことがあると回答された。堀合悠一郎さんが思っていた「こんなに苦しんでいる我が子をよそに、自分だけ楽しんでずるい」という言葉も家族会ではよく聞く。一方で、当事者は親に辛い思いをさせている自分を責めていると堀合悠一郎さんは書いている。結局何をしても当事者が今の自分に満足できない時期は、親が悪者にされてしまう。親という存在の宿命なのかもしれない。当事者は親を責めて、今の自分を正当化しないと生きていけないのだろう。

多くの親は、子の発病とともに人生を悲観する時期を過ごす。しかし、子の発病があったからこそ自分の人生が豊かになったと思えるように変わっていく。同じ苦労をした者同士がつながることで、真の友人ができ、新しい価値観をもって人生を歩む親。私はそのような親を何人も知っている。本書を読んでいる家族の方には、是非家族会に参加してもらいたい。大切な人のために家族会に参加することを、当事者は本心から否定することはできないはず。家族会で初めて辛さを理解してもらい、涙した家族は多い。そこで共感してもらった体験は「命が救われた」と表現されるほどだ。

［蔭山正子］

第2章　精神障がいとは

第1節　統合失調症——私の体験を通して

新谷総太

1. 統合失調症とは

専門書によると、統合失調症は、主要な精神疾患の一つで、10歳代後半～30歳代に発症する頻度の高い疾患です。一般的に統合失調症というと稀な病気、怖い病気と思われがちですが、国籍、人種を問わず、１００人に一人の確率で発症する病気でごくごく普通の病気です。例えば、学校で1クラス50人だとすると、2クラスに一人は、統合失調症の人がいる計算になります。では、なぜ、ここまで偏見の目で見られる病気かというと、一昔前まで、統合失調症は精神分裂病と言われて、いかにも名前の通り、精神が分裂しているように思われていたからです。

2．統合失調症の症状とは

専門書によると、統合失調症の主要な症状は、陽性症状、陰性症状、認知機能障害に大きくわけられます。陽性症状とは、自分を悪く評価し言動に命令する幻聴、何者かから注目を浴び迫害を受けるという被害妄想（幻覚・妄想）、行動や思考における能動感・自己所属感の喪失（自我障害）などの総称であり、陰性症状とは、目標に向け行動や思考を組織する障害（不統合）、意欲や自発性の低下などの総称です。認知機能障害は、統合失調症の病態において最も重要とされることもある第三群の症状であり、日常生活機能や社会生活機能に関連する重要な症状とされています[5]。

陽性症状は、今では、薬などである程度抑えることができることが多いです。僕の場合は、統合失調症の典型的な症状の出方で、高校２年生の時（いわゆる思春期の時）、発症していました。ですが、僕の場合、当時は自覚がなく、悪口を言われていると思っていました。今思えばこれは幻聴だったとわかりますが、当時は本当に聞こえてくる声だと思っていました。悪口を言われて、振り返っても、誰も言っていないという状況が１年続き、高校３年生で我慢できなくて中退することになりま

（５）福田正人「統合失調症」『脳科学辞典』http://dx.doi.org/10.14931/bsd.6907

した。これは人生の中でも一番苦しい時でした。その後、4年間ひきこもり、ひきこもっている時は不思議と幻聴は聞こえてきませんでした。多分、ストレスと関係していたのだと思います。

4年後、同級生が大学を卒業する時期になって、僕自身に焦りが出てしまい、「仕事を何でもいいからしたい」という衝動に駆られて無理やりに外に出てバイトなどの情報誌などを買ったりしているうちに、陽性症状が出現して、激しく幻聴が聞こえ、丸2日間、全く眠れない状態になりました。そして僕の親がおかしく思い病院に連れていかれました。そこでつけられた病名は統合失調症でした。正直、自分が精神病になるとは思っていませんでした。というか、精神病の知識がなく、こんなことが（幻聴が聞こえる）本当にあるのかと初めて気が付きました。その時は信じられませんでした。

3．統合失調症の治療やリハビリテーションとは

その後、入院しましたが、入院生活はひどいものでした。今のように個室などはなく、個室と言えば保護室でした。そこは、患者の間では「独房」と呼ばれ、言うことを聞かない人を入れる、トイレと寝るところしかない、小さな部屋でした。もちろん、自分の意思では出られない部屋です。

僕の場合、保護室には入りませんでしたが、閉鎖病棟（鍵を掛けられて、自分の意思で外に出られない病棟）に入院しました。そこの環境もよくなく、畳だけの8人部屋に10人くらい入れられて、自分で

布団を敷いて寝るという状況でした。

9か月たった頃に退院できましたが、退院後も、今でいう社会資源（障がい者が利用できる制度など）の情報を全く知らされないまま、行くところもなく通院以外はほとんど家で過ごす日々が続きました。

病院にデイケア（日中を過ごして生活のリズムを整える場所）ができ、初めて色々な制度があることを知らされ、やがて作業所に通うようになり、そしてより、訓練色が強い授産施設というところに通い、初めて仕事に就くことができました。その仕事は僕には合わず、9か月で辞めてしまいましたが、社会生活を送る第一歩になりました。

ここから、僕の人生がはじまりました。

「統合失調症とは――私の体験を通して」を受けて

新谷さんの第一印象は、大人しく、真面目。しばらくそう思っていた。ある時、お酒さえあれば何もいらないというほど酒好きであることを知り、意外だった。また、本の編集会議の帰りで一緒になり、電車で話すと、歯に衣着せぬ物言いをする方だとわかり、話がすごく面白かった。新谷さんは、口数は少ないけど、とてもユーモアのある、芯の強い人だと思う。「ここから、僕の人生がはじまりました」で終わった文章。これからどんな道を切り拓いていくのだろうか。簡単なことではないだろうが、新谷さんなら、きっと切り拓いていける。

［蔭山正子］

コラム▼妄想・認知機能障害と暴力

堀合悠一郎▼

統合失調症の症状の一つに、妄想がある。僕の場合は、被害妄想が強かった。自分の存在が周りからの圧力で簡単につぶされてしまいそうな感覚。たまに外出した時に、街を歩く自分と同年代の若者たちの自信あふれる快活さに対して感じる恐怖感。電車のなかでの座り方一つとっても、とにかく自分は劣っている、おどおどしている、そう感じ続けていた。一体この恐怖感の原因は何なのか、必死で考えた。

統合失調症の治療を始めて、まだ家にいる時間の長かった頃。専業主婦をしている母親と顔を合わせる時間も長い。子ども時代からの母親との関係性の記憶と、強い劣等感が合わさり、母親に対して被害妄想の矛先が向いた。僕が居間で流したロック音楽のボリュームが大きい、と母親に言われただけなのに、まるで自分の全存在を否定されたように感じたこと。

洋服屋はおしゃれな場所という強い思い込みから、ダサい自分には足を踏み入れることができないと決めつけ、それでも少しはおしゃれな服が欲しくて仕方なく、母親に頼み、買ってきてもらったのに、そのなかにあまり気に入らないものがあり、文句をつけて、母親と言い合いになったこと。大抵の場面で、僕は言い負かされて、小さな子どものように涙していた。

母の力は強い、母の存在は大きい、そして、自分の存在はつぶされかけている、統合失調症を発症したことが何よりの証拠だ……そしてこの息苦しさは何なのだろう？　強い不安に胸がつかえている、病気の症状なのか薬の副作用なのか、自分でもよくわからない。何でこんな病気になってしまったのだろう。つぶされかけているのだから、それに抗い、力を出さなければいけない。でも身体に力を入れてこわばらせても、この不安はどうにもならない。自分の力の印が必要なのか？　家のなかで不安と劣等感を感じているということは、この家も母親の一部なのだろうか？　建物が、部屋が、壁が、家具が、母親と一体になって僕から力を奪っている……ならば、この家に一矢を報いなくてはならない……身近な標的は、部屋の壁だ……。

僕が家の壁を蹴って穴をあけた時の意識の流れを文章にするとこんな感じになる。強い不安と息苦しさは、統合失調症の回復過程の一段階である消耗期に強く出るものだ。自分に適した運動の習慣も身に付いていない、体調管理に試行錯誤し苦しんでいた時期、コーヒーを飲みすぎたり、長時間ネットの掲示板を読みふけっていたりして、睡眠のリズムを一般社会の動きと合わせることができずにいた頃。よかれと思って取り入れた習慣も多くは良い面と悪い面があり、やりすぎて逆効果になってしまうこともあった。例えば、コーヒーや紅茶に含まれるカフェインは、適量を摂取すると気付けになるが、摂り過ぎるとかえって頭の働きを鈍らせる。でも、不安が強く、被害妄想に突き動かされているから、やりすぎる、摂りすぎる。

そうして、不安が強くなると、壁に当たる、ということを繰り返した。

壁に当たることは、いわば八つ当たりで、良いことではない、経済的にも家族と自分の損失になる、頭ではわかっているつもりでも、感覚的に、良くないという実感が湧かない。そのことも、病気の症状が影響していると思う。ここでの症状は認知機能の鈍りで、統合失調症により脳の働きが抑えられることから出てくる陰性症状の代表的なものだ。冷静になった時には理路だった会話ができていたらしいだけに、この感覚的な理解が激しく鈍る認知機能障害を親に理解してもらうのにはずいぶん時間がかかったと記憶している。こうした陰性症状の改善のためには服薬だけでは不十分で、人とのふれあいがどうしても必要だ。必然的に一番近い存在である家族とのコミュニケーションをなんとかとろうと躍起になる。でも、まさにその改善したい陰性症状のために対話がうまくいかない……多くの当事者が経験している陰性症状のジレンマだ。きっと、こんな状況の時、同じような症状で苦しむピア（当事者同士）の関わりが有効なのだと思う。僕自身、生活支援センターやデイケア、作業所で出会った当事者の仲間たちから多くを学び、勇気付けられた。いわゆる広義のピアサポートというものだ。それに関しては、この本の後半、リカバリーの章で詳しく触れられるはず。そちらもぜひ読んでいただきたい。

「妄想・認知機能障害と暴力」を受けて

暴力に関連する症状には、幻覚妄想以外に、認知機能障害がある。社会的認知として、表情・情動・身振りなどの社会的なサインの読み取り、相手の意図や信念の把握、情報や社会的文脈の理解、過去の記憶などを含めた全体の状況を理解する能力、これらが低下したり、結論への飛躍（少ない情報で確信をもつ）や原因帰属バイアス（自分ではなく、自分以外に原因を求める）

などがある。[6] 陰性症状や薬の副作用も混在しているかもしれない。今の悠一郎さんは、頭が良く、状況理解も優れており、人柄も素晴らしい。そんな彼も病状が重たい時期は、判断力の低下や認知の歪みがあった。

統合失調症の従来の治療薬は、陽性症状の治療には有効だが、陰性症状と認知機能障害に対しては十分な治療効果が得られないと言われている。悠一郎さんも薬物治療の限界を感じ、人とのつながり、コミュニケーションが必要だと思っていた。症状が改善したのか、今は穏やかで怒ることもない。そしてピアスタッフとして就労している。

［蔭山正子］

コラム▼衝動性と暴力 ―― 前田直樹、サポート役：前田梨夏▼

「カッとなっている時はコントロールできない」

「一気に限界を超えてしまう」

「きっかけはあり、何か気に入らないことを言われた」

周囲からは予測のつかない状況。

(6) 池淵恵美他「統合失調症の社会的認知――脳科学と心理社会的介入の架橋を目指して」『精神神経学雑誌』114(5) 489-507頁、2012。

これでも落ち着いた状況です。

妻と自分が知り合ったのはお互い22歳の時で、当時妻は精神障害1級。自分は健常者でした。自分は、就職していたのですが仕事は元々休みがちでした。一緒にいた妻は、「自分（妻）の自律神経失調症の症状に似ているなぁ」と思ったそうです。妻がカウンセラーにそのことを話すと「病院に連れておいで」と言われたそうです。その頃、妻は妊娠したのですが、妊娠中に暴力は始まりました。残念ながらその時のことまでは憶えていません。出産の前日に自分は精神科を初めて受診し、すぐに「統合失調症」の診断を受けました。

出産後、2人で日雇いの仕事に就きます。1日目は良いのですが2日目になると起きられないか、腰が痛くなり動けなくなる。当時の記憶を辿ると「起きたい気持ちはあったが起きたくない自分に邪魔された」感じでした。仕事にも行けなくなりデイケアに通い始めます。カウンセリングも始まりました。カウンセリングでは、相談と言うよりもたわいもない話ばかりしていました。

当時あった暴力は、妻によると「アスファルトの上を引きずって腕や足に擦り傷」「背中を丸めて防御していると腰のあたりを蹴る」でした。妻が警察や市役所に逃げ込んでも「夫婦の話だから」「身体に傷や痣が残ってないから」と相手にしてくれなかったそうです。当時を思い返すと「自分がしてほしくないことばかりされて言葉が出ずに暴力になってしまった」のだと思います。

初受診してから約10年後にてんかんを発症します。その辺りから妻から見ると自分は大きく落ち着いたらしいです。自分は言われてみて、「そう言えばそうだね」という感じです。

暴力は減っていきましたが暴言と言いますか、怒鳴るという行為は続きました。妻から「急に話が通じなくなるのですが？」と尋ねられ、「頭が回ってない感じ。ちゃんと話してるのになんでわかってくれないんだろうとなってしまい、大声になってしまう」と答えました。落ち着くと「申しわけない」と言う気持ちになります。「悪かったなぁ」と言うのではなく「またやってしまった」と言う感じです。

妻が先に起きている時、自分は寝起きの第一声で「うるさい！」と言ってしまうことがよくあります。妻に言わせると用があって起こす時に、「うん……」と大の字になる時は良いのですが「うーん……」と布団ごと丸まる時は寝起きに爆発。爆発するために起きてる感じもあるとのこと。話していて話が噛み合わなくなった時に「今の母ちゃんと父ちゃん、どっちが変だった？」と聞かれる息子も大変でしょう。冷めきった表情で妻と自分の言い合いを見ている時もあり、そんな時は自分が先に冷静さを取り戻します。

妻が話していて変だなと思った時に、話に詰まったところを説明してくれるのですが、自分は「そんなこと聞いてない」と言っては、結局その話に詰まったところが繰り返されます。妻は「今は話すのをよそう。また後で」とその場からいなくなるか、違うことを始めます。表情も全然変わるらしく、穏やかになってるなと思えた時に「落ち着いた？」と尋ねられます。大体は「うん」と言ってまた会話が始まります。

いつからか自分の行動に疑問を持ち始める方が多いのではないでしょうか。妻は、一緒に修正していこうねと思えればチャンスだと思っていると言います。それは、当事者が何とかしようと考えてくれているわけですから。

これは自分と妻からのお願いです。今ではサッカーやアプリゲームでストレスを発散できています。もやもやが分散されている時は爆発力も軽減します。読書や料理、ネットなどもストレス発散の行動となります。何かしたいと言われたら手助けしてあげてください。本が読みたくても自分では行かれない方もいます。

最初にある「きっかけ」になることは「真剣に何かしている時に声をかけられた」時が多く、「カッとなる時」は「うまく言葉にならない時」や「うまく伝わらない時」とも言えます。

「衝動性と暴力」を受けて

このコラムは、前田梨夏さんが、夫で統合失調症を患う前田直樹さんから話を引き出しながら、書いてくれたものだ。

暴力に関連する症状の一つに、衝動性がある。前田直樹さんも「カッとなっている時はコントロールできない」「一気に限界を超えてしまう」と言っている。家族は、これを「瞬間湯沸かし器」などと例え、カッとなって怒るが、しばらくすると「ケロッ」とすると、表現する。この状態は、家族にとっては理解できない。前田直樹さんによると、家族から見ると急に起きている暴力にも「きっかけ」があり、「うまく言葉にならない時」や「うまく伝わらない時」

に一気に限界を超えて爆発してしまうといった具合だ。わざと暴力をふるっているわけではなく、自制が利かないだけなので、暴力をふるった後に謝罪する。予防するには、ストレスを溜めないこと。発散する手段をいくつか持っておくことが重要なようである。

前田さん夫妻は、当事者同士のカップルでお子さんもいて、幸せに暮らしている。配偶者間の暴言に困っていたため、本作りに関心をもち、参加してくれた。今回、コラムを書いてもらった後、夫婦で書き上げた感想を梨夏さんに聞いた。「知らないことばかりだなと自覚しました。ですが今回は考えを言葉にするのが苦手な直樹が彼なりに一生懸命になってくれたのが嬉しかったです」。おそらく親子間ではここまで言葉にしてもらうことは難しかっただろう。このコラムは親にとって参考になる内容である。お二人の努力に感謝。

［蔭山正子］

コラム▼薬と暴力

相沢隆司▼

闘病生活が始まって十数年たったある診察日、主治医が「新薬が出たからお薬を変えよう。落ち込みが減るよ」。主治医お手製の、実物の薬が収められているファイルをバサバサとめくって、「これを20ミリ出すから。ただ、体重が増えてきたら言ってね」と嬉しそうにおっしゃいました。でも、私はあまり期待していませんでした。なぜなら今まで散々変薬してきたのに私が満足できるまでの効果がなかったからです。当時は家族への暴力もありませんでした。

しかし、変薬してから統合失調症の陰性症状がなくなったからなのか、薬による抑制がなくなったからなのかは分かりませんが、急に元気が出てきて悩まされていた昼食後の強い眠気がなくなりました。しかし、残念なことに徐々に体重が増えだし、ズボンが合わなくなってきました。数か月後の通院の時、主治医にそれを見抜かれてしまいました。調子よくいっていたので薬は変えたくない、と訴えましたが血液検査で血糖値が正常値ながらも上限まで上がっていました。主治医は「だめだね」と言いつつ例のファイルをバサバサとめくって、「今の薬、合っているみたいだから僕もやめたくないな。今の薬を10ミリに減らして、別の新薬を加えよう。ただ、例えばドアを閉めるときに勢いよくバタッ、と閉めるようになるとか、行動が粗暴になるかもしれないから気を付けてね」という注意が付きました。体重は元に戻り、特に粗暴になることもない感じでしたし、むしろ症状が落ち着いてきて嬉しい気持ちでいたので、次の診察の時、欲が出て、「この前加えた薬をもっと増やしてほしい」と主治医にお願いしました。主治医は多少渋りながらも受け入れてくださいました。

症状が薄らぎ私生活も充実し、仕事も順調でした。が、これはあくまでも主観でありました。まったく自覚はなかったのですが、私の言動が上司から見て問題があったようで、職場の運営母体の理事長から厳重注意を受けました。本文（第5章）の家族への暴力はまさにそのタイミングでした。断っておきますが、職場で嫌な思いをしたから家族にあたったわけではありません。むしろ、クビになるかもしれない、と母に泣きついたくらいです。

診察の時、主治医にそのことについて報告しました。「じゃあ、この薬はもとの18ミリでいいね」。私としては深刻な事態にいたわけですが、主治医のサバサバした態度は実にあっけないな、と感じました。

職場の先輩から「もとの相沢さんにもどって良かったわ！」と喜ばれました。周囲からすると私はいら立っていたようです。

今思うと、家族へ暴力を振るった自分が怖いくらいです。後になってこれは薬のせいなのかを主治医に聞いてみましたが、「血圧を計ろうか」と、はぐらかされてしまいました。薬は適正な量を服用することが大切だと痛感しました。

「薬と暴力」を受けて

暴力というのは、統合失調症の臨床像の一つであると言われているので、暴力が起きれば投薬したり、薬を調整することは日常的に行われていることだと思う。私は医師や薬剤師ではないので詳細を説明することはできないが、薬の関連についても述べた方がよいと思った。粗暴になったという自覚はなくても、職場や家庭では粗暴になっていた。診察で本人だけから話を聞いている場合、このような変化は主治医に伝わりにくいだろう。家族も変化があったら本人に伝えるか、怖くて本人に伝えられない場合は、ソーシャルワーカーなどを通して主治医に伝言するなど何かしらの工夫が必要になるだろう。

現在、ピアスタッフとして福祉施設で就労している相沢さんの第一印象は、真面目で誠実な人。しかし、実はユーモアがある、楽しい方。文章を読めば、そのことがわかる。今は温厚で、暴力があったとは考えられないような方である。

［蔭山正子］

第2節　双極性障害——私の体験を通して

田村大幸

1. 双極性障害（躁うつ病）とは

専門書によると双極性障害とはうつ状態（気分の鈍化）に加え、対極の躁状態（気分の高まり）も現れ繰り返す慢性の病気だとされている。うつ状態に加え、激しい躁状態が起こる双極性障害を「双極Ⅰ型障害」と言う。うつ状態に加え、軽躁状態が起こる双極性障害を「双極Ⅱ型障害」と言う。私の場合は双極Ⅱ型で、うつと軽躁を繰り返す。私の経験で感じるⅠ型とⅡ型の違いは、相手の意見を一度受けとめるか否かと言うことである。Ⅰ型の躁状態の時は、周囲の意見に対して耳を傾け、納得することはとても難しいと思う。行動面も過激で言葉で罵倒する、高圧的で暴力もありうる。しかし、Ⅱ型の軽躁状態の場合、自分の意思は頑なだが、周囲を納得させるだけの対応ができる。暴力はない、少なくとも自分はなかった。しかし、それも個人差があるようだ。周囲が感じるのは、本来の性格から少しだけ考え方が変わったなというくらいではないのだろうか。

2. 双極性障害の診断と治療

この病気はとても厄介で、なかなか正体が分からない。私の場合、双極性と診断されるまで8年を要した。それまでの私は、単極性うつ病と診断されていたが、3回目の強いうつ症状に陥った時に、双極性の可能性があると言われた。なぜもっと早く分からなかったのかと恨む気持ちもあったが、これは仕方がないことだと思っている。うつ症状と寛解を数回繰り返さないと、うつの対極である躁が隠れているとは分からない。だから適切な診断と治療に結びつくまでに長い時間がかかることが多い。うつ状態では気分の鈍化や体の違和感があり、自分の思い通り活動できない。辛さがあるから自覚しやすい。しかし、軽躁状態では思っている通りに動けるので、困り感がないため自覚しづらく変化に気付きにくい。回復すると普段の生活ができるため、本人も周囲も気付くのに時間がかかるのだろう。

うつ病から双極性障害に診断が変わり、服薬も変わることになった。私は（主治医と共同意思決定のもと）、いろいろな薬を試した。もちろん副作用が出て体に合わない薬もあったが、現状から脱出したい気持ちが強いため、そのリスクは私にとって許容範囲内だった。そして初診から8年後、やっと自分に合う薬が見つかり、最高5種類だった薬が今は1種類のみになった。しかし、安定した状態を継続するには、本人の工夫が大切だと思っている。私の対処法は、安定している今でも2週に1回通院することと、睡眠表をつけることである。睡眠表の記録を始めて現在3年になる。

3．双極性障害の症状

私は双極Ⅱ型なので、うつと軽躁を繰り返す。軽躁状態とはどのような状態か。私の場合は次のような経験をした。私がデイサービスで働いていた時、利用者さんへのサービス向上について、アイディアがぽんぽんと浮かんできた。上司がどう思うかはほとんど考えず、強引に押し通そうとした。そのような時、親友が私の提案書は攻撃的で焦り過ぎだと助言してくれた。彼の助言を受け入れ提案書を書き直し、他のスタッフにも同意をとり、捺印をもらって提出した。それに対し上司は無関心。その後、ここで働いても意味がないとすぐ退職届を出した。今になって振り返ると、自分が普通の状態であれば相手が受け入れない点をどう対応するか考えたと思う。

また、その後には、精神疾患であれば医療の分野で働くのが絶対良い、精神疾患に理解があるはずだと勝手に思い込み、理学療法士の学校に出願したこともあった。周囲がゆっくり考えたほうが良いと助言してくれたのに、私には響かなかった。学費を用意するために入学までは建設会社で働き、入学してからも仕事を続けた。続けられると思っていた。しかし、その後は疲労と不眠の蓄積で授業内容が全く頭に入らず２年生の秋に自主退学を決めるに至った。この経験も今振り返ると展望が甘く、あまりにも計画性がない。

このように軽躁状態の時は、自信過剰で周囲の意見に耳を貸さず、独りよがりで言動も攻撃的だったと思う。私の10年間は、ジェットコースターのように自信の喪失と過剰の繰り返しだったが、誰も軽躁とは気づかなかった。入院するわけでもないし、少し元気で活動的になるだけである。私が過活動になるのは、ひきこもりの時間を取り戻したいという誰もが思う自然な行動だと思っていた。

現在の自分は発症する前の70～80％くらいのエネルギーしかないと感じるが、それでも１００％で活動したい気持ちに駆られる。どうしても失った時間を取り戻したいと思うのだ。行動しすぎて理想と現実のギャップが疲労感となって襲ってくることが時々ある。だが疲労感の原因は精神疾患だけでなく老化もあるはずである。しかし発症したのが30歳手前だったので、その時の状態と比べてしまう癖が今も抜けない。

4. 私が発病から病気と付き合えるようになるまで

最初の症状は仕事での簡単なミスから始まり、不眠、決断ができない、焦燥感、倦怠感、動悸、発汗であった。精神科の通院には抵抗があったので、まずはカウンセリングを受けた。しかし、全く効果を実感できなく、結局は通院することとなった。頭では出社しなくてはと思う反面、心も体もすでに悲鳴をあげており限界。出社しようか戻ろうかも決められず、駅の前で行ったり来たりすることもあった。昼飯も決められない、営業先に行くのが怖い、メールを打つのに4時間かかったこともあった。会社のお荷物になっていると強く感じた。１か月の休職も効果がなく、今後も会社の足を引っ張ることしか想像ができなくて衝動的に号泣し、一方的に自主退職を申し出てしまった。一般的にうつ症状の時は退職など重大なことは後回しにするように言われているが、その選択肢は私にはなかった。わけが分からないうちに、わけが分からない病気にかかり、無職生活となってしまった。生活をどう成り立たせたらいいか分からず、将来の不安がずっと自分の頭の中を占領し、闇へと進んでいった。

その後、ひきこもり、昼夜逆転、悩んでいるだけで行動ができない状態が続くが無常にも時間は過ぎていく。世間のスピードについていけない焦燥感は自分を責める。ようやく1年後、ヘルパーの資格取得という小さな目標を無理やり立て、取得後はデイサービスで働いた。クローズ（障がいがあることを伝えずに就職する方法）で入ったが嘘をつく自分に強い違和感があり、所長にカミングアウトしたところ受け入れてくれた。昼休みには一人横になり休めるスペースを確保してくれるなど、その配慮には今でも感謝している。しかし、その後は所長が変わり、サービスも変わり、そのことで上司と衝突し退職した。当時は気づかなかったが、いま振り返ると我慢ができなく攻撃的であったことから軽躁だったのだろう。とにかく何とかなる自信があり、昼間は人材派遣のコーディネーターを、夜は飲食店で働いた。しかし長くは続かず、また電池は突然切れた。

不眠症とうつ症状が再発、ひきこもり生活に逆戻りした。また1年が経過し回復傾向のころ、先にも述べたが、医療で働くことができれば疾病に理解があるはずだと一方的に思い、理学療法士の学校に進学を決めた。入学までは建設会社で働き資金をため、入学以降も仕事を続けた。しかし2年次の夏休み前から不眠になり、定期的に行われる学科テストに不合格、追試が連発。頭が働かない中、満身創痍で次の学科テストの準備と追試の勉強をするが、負のスパイラルで不眠はさらにひどくなり、冬休みを待たずに自主退学し再度ひきこもった。この時に初めて双極性障害と診断された。そして服薬調整でまた1年が経過した頃、ポストに入っていた郵便局の求人が私の心を動かした。自分が今できることはとにかく働き、親の援助から自立することだと。そう考えて求人に応募し合格した。しかし、自分がバイク配達をずっと続けると思うと、自分のやりたいことではなかったので居たたまれなかった。そんな時に主治医から勧められたのが福祉サービスの就労支援だった。孤独だった私は、就労支援事業所で初めて同じ精神障がい者と話すことで安らぎ、当事者のスタッフに出会い希望を抱き、ありのままの自分を受け入れられるようになった。障がいを受容した後のリカバリーは順調で、現在私は就労支援員として働いている。

5．私のこれから

発症の意味を考える。失ったものは大きい。まずは時間であり、10年間も自分をコントロールすることができなかった。そして大好きな仕事、信用してくれた顧客、生活の基盤や積み上げたものを失った。世間との比較から、劣等感、自尊心の低下、孤独を強く感じた。子どもがいる友人も羨ましかった。

反面、得たものがあると今は感じている。自分にとって本当に大切なものは何か振り返ることができ、新しい価値観をもてるようになった。当たり前はこの世に存在しないことを知り、周囲に対する感謝と幸福感を得られるようになった。

私の思いは、まだ孤立して孤独である当事者に対して情報を届け、傾聴と共感をもとに、あなたのせいではない、今はそれでいいんだよと承認したい。自分がそうして欲しかったように。そしてもし自分が元気でいることで誰かのリカバリーモデルになれたら嬉しい。先輩当事者からもらった言葉、「病気はコントロールできる、仲間、情報、勉強、自己理解があれば」という言葉を伝えていきたい。

これからは支えてくれた人へ恩返しをしたい。しかし、自分ができる範囲と限界を知ることがまだできていない。80％の力で行動することが大切だと知ってはいるが、欲張る気持ちのコントロールは難しい。精神保健福祉士を取得して地域福祉に関わっていきたい。またピアの活動を通し、少しだけでも障がいの認知度を高め、少しだけでも障がいが普通の世の中になればと思う。双極性は寛解があっても根治はない病気と言われており再発は怖い。不安感はつきまとう。しかし、再発は心配だが、今やれることをやっていきたい。

私にとって双極Ⅱ型はマイナスなことも多かったが、今はプラスと思えることも増えた。失ってからでしか分からないことや実感できないことは、精神疾患以外に数多くある。周囲を見渡した時、常に健やかなる者（健常者）なんているのだろうか?

私は発病して当たり前のことなどないと知った。そのことを死ぬ直前に知るのでは遅いしもったいない。感謝できれば幸福を感じられるのだから。双極性障害は、そのことを私に教えてくれた。

「双極性障害——私の体験を通して」を受けて

双極性II型の軽躁状態は、自分でも元気が出てきた程度で、症状だとは気づきにくい、「厄介」な病気。田村さんの私の印象は、「お笑い芸人」。キレのある面白い会話ができる人。真面目な話も聞いていたが、原稿を読むまでこれほどの紆余曲折があったことは知らなかった。同じ精神障がいのある人との出会いによって彼の生き方が定まっていった。田村さんは、精神疾患のある親に育てられた子どもの立場でもある。今は、「精神疾患の親をもつ子どもの会（愛称：こどもぴあ）」でも私と活動を共にしている。親の病気と自分の病気。二重の困難を経験しても「当たり前のことなどない」と感謝の気持ちを忘れない。そんなあなたを尊敬する。

［蔭山正子］

第３節　依存症——私の体験を通して

荒木雅也

1．依存症とは

私にとって依存症とは「人が自分の思い通りにならないと気が済まない病気」である。専門書によると依存症とは、「快体験が動機づけとなって誘発された行動を繰り返すうちに、不適切な事態を招くようになり、それにもかかわらずそれをコントロールないし中止できなくなった状態[7]」と定義されている。依存対象は、大きく、物質、行為、対人関係に分類できる。

私の場合は、依存対象が人である。人以外に依存する場合もあるが、依存対象の如何にかかわらず、すべてに共通することは、「今の気分を変えたい」ということであり、その対象が人だったり、物だったりと、お好みのものが人それぞれ違うだけで根本は一緒であると私は考えている。私は、人に対しての期待や要望が高すぎる。私にとって「この人Aはこうならなければ気が済まない」とい

（7）松下年子「アディクションと依存症」松下年子・日下修一『アディクションと看護学』３頁、メディカルフレンド社、２０１３。

うようになる。すべてが自分の思い通りにならなければいけないという、「人が私の思い通りにならなければ、私は幸せにならない」という妄想にとり憑かれている状態が依存症だと今は思っている。

2. 私が考える原因は「自分が上手く生きるため」

なぜ人が自分の思う通りにならなければ気が済まないのか、その原因は幼少期に遡る。自分自身が小学校の時に、いじめられる体験などをした。その環境を未だにマイナスに受け止めていて、整理がついていない状態が前提としてある。そんな環境の中で身についた、「こうならなければうまく生きれないのではないか」という恐れや「こうやらなければ生きれないんだ」という自分の中の決めつけが強すぎるとそれが自分の中のストレスを増大させ、「なんで自分はこんなに自分の中の厳しいルールでやってるのに」「こうならなければ生きれなかったのに」と、どんどん他者に対して心の中で攻撃的になっていく。それが慢性化している状態を一つの依存症状態だと、私は捉えている。

3. 私の症状と対処方法「愛を求めながら敵対視」「正直に生きる」

他者が自分の思い通りにならなかった場合の対処方法として、私の場合は2パターンある。まずはその人Ａ、Ｂは私にとっての敵と認識し、相手の考えが間違っているからと相手を低くみて自分を保つパターンである。もう一つの方法は、最近身につけたもので、小説に自分を取り込む方法である。小説は幅広い価値観を持つ人間がたくさん登場してくる。それを私の中に取り込むことで、こうならなければならないと決めつけていた価値観を根底から覆す。他者が自分の思い通りにならなかった場合、私は、「わかってくれないからいけないんだ」「わかってほしい」「わたしはこういう理由があるからこうなのに」と愛を求めながら相手を敵対視する。前提にあるのは「私が正しい」という狭い視野なのだが、状態が良くない。これを覆すには、後者を実践するか、日々与えられている業務を地道にやっていく方法がもっともな近道だと最近はわかってきている。

依存症の回復には正直に生きること、つまり、オープンに生きるということも大事だと私は感じている。辛い時や苦しい時に、それを周りに伝える勇気。私は、弱いところは見せてはいけないと思い込んでいたり、調子のコントロールは自分で管理するべきもので、調子の悪さは出来る限り、他者に出すべきものではないと考えていた。だが、むしろそれは逆で、いかに自分の気持ちを正直に話すことが大切かということがわかってきた。他者に自分の気持ちを話さないということは、「こんなこと言ってどう思われるんだろう」「失望されるのではないか」という身勝手な思い込みであることもわかってきた。他者にわかってほしいと思いながら、私が他者に自己開示をしないことは、私の人依存に特徴的なことであるが、それが人依存を悪化させる要因だったと思っている。

また、尊敬する人が出来たとき、それを神格化してしまうことも、私の人依存に特徴的である。この人の言っていることはすべて正しい、この人はなんて素晴らしい人なのだろうかと一時的に絶賛するが、その時点で、私のその人への期待値は最高潮に達してしまっている。そのため、その人が短所を見せた途端に、「裏切りやがって」と勝手に思い込み、敵対視するパターンにハマる。人には、気分の波が存在し、ある時はいい気分だったり、ある時は悪い気分だったりする。それが普通であるが、私にも普通に起こり得ることであるのに、それが見えない。

「依存症――私の体験を通して」を受けて

精神疾患の人の暴力について、世界で共通の見解が出ているエビデンスの一つに、精神疾患に依存症が合併したときに暴力のリスクがかなり高くなるということがある。本書は、統合失調症を中心に据えながら、暴力に関連する疾患として依存症を取り上げている。日本では、統合失調症の場合、物質依存（アルコールや薬物など）を合併している人は2％しかいないという報告[7]もあるほど稀である。しかし、人への依存ではどうだろうか。当事者からの暴力に悩み、疲弊している、ある親が彼の話を聞いて、目から鱗が落ちるように当事者のことを理解できたというエピソードがあった。依存症とまではいかなくても、この心理は家族への暴力を理解する上で役立つことがあるという手応えがある。荒木さんはまだ20代と若い。しかし、自分の人生に向き合う姿勢は尊敬に値する。彼の将来が楽しみだ。

［蔭山正子］

（7）　梅野充他「統合失調症患者における物質使用障害の合併――松沢病院入院例についての検討」『東京精神医学会誌』26（1）8‐13頁、2008。

第Ⅱ部

なぜ家族に暴力を向けてしまうのか

第1章では精神障がい当事者が抱える辛さを、第2章では精神疾患と当事者の体験を書いてきました。第3章から第5章は、本書の中核部分、家族への暴力が起きる背景を3つの視点から書いていきます。第3章で家族関係、第4章で医療における傷つき、第5章で地域社会での生きづらさを取り上げ、暴力が起きる背景に何があり、家族がどのように絡んでいるのかを伝えたいと思います。各章を担当する者が自身の実体験を中心に据え、時に他の人の体験を紹介しながら書いています。

第3章の担当は、第1章ですでに登場した堀合悠一郎さんです。コラムで桃太郎さん、荒木雅也さん、藤井哲也さんの3名が登場します。第4章は堀合研二郎さんが担当され、コラムで山田潤さんが登場します。第5章の担当は相沢隆司さんです。

［蔭山正子］

第3章　わかってもらうための暴力

堀合悠一郎

精神障がい当事者として、「暴力を何のために振るってしまうのか」考えてみると、いくつかの理由が思い当たります。ここではその中の二つ、「わかってもらうための暴力」と「変化を起こす暴力」について考えていきたいと思います。

解釈はとても重要な要素です。なぜなら、「わかってもらいたい」という思いは言葉を変えれば、「自分の解釈を認めてほしい」ことであり、その解釈が的確なものであるほど、わかってもらえる可能性が高まるからです。しかし、解釈に100%の正解というのはありません。第1章で僕は、「不登校もひきこもりも、精神病になったことも、理由はわからない」と書きました。それは、熟慮を重ねた末の本音であり、精神障がい当事者として、過去を引きずらずに新たな人生のスタートを切るための戦略でもあります。とても有効な戦略だと思っています。それをベースに、多様な解釈を許容する余地ができるからです。

この章ではひるがえって、変化を重ねてきた僕の病気の原因等に対する解釈を書いていきます。僕にとり、精神病治療の日々は、病気の原因等にたいする解釈を絶えず更新していくことの連続でした。そう、自分が持った解釈は、自らの考えにより誤っていると判断され、新たな解釈がとってかわる、そしてその解釈も、やはり少し考えると誤っていると思われる……。

打ち捨てた解釈の残骸が山となっていきました。「わかってほしい」とは、自分でも誤っていると思える解釈に同意を求めるわけですから、なかなかわかってもらえないのは当然です。むしろ安易に同意しないのが誠意ある態度だと言えます。でもなかなかそうは思えませんでした。なぜわかってくれないんだ、という気持ちが先にきます。言葉で伝わらなければ、行動で伝えるしかないのか？　精神的に余裕がなかった当時の僕にとって、具体的な行動といえば壁や物に当たることぐらいしか思いつきませんでした。当事者仲間と話していて、壁に穴をあけた話を時々聞きます。それぞれ、「わかってほしい」という思いを抱えていても、なかなか家族にわかってもらえない。「わかってほしい」ことの内容は人それぞれですが、物や人に当たることを正しいと考えている当事者には会ったことがありません。暴力を振るうことで罰される、そのことを望んでいるという当事者の話は聞きました。僕もそうでした。「自分が間違っていることをわかってほしい」もっと言葉を足せば、「自分が間違っていると考えている自分は正しい、ということをわかってほしい」、僕が過去に感じた感覚もこれに近いです。自分が間違っているという自身の判断は絶対的に正しいと思っている……自分の判断力を高く買い過ぎですね。病的と言えるでしょう。本当に自分をだめだと考えていたら、自分がだめだという自分の判断も信用できたものではないはずです。しかし、なかなかそうは思えませんでした。そう思えるまでの長い間に起きたことについて、書き進めていきたいと思います。

何をわかってほしかったのか、どうしてわかってほしかったのか。

1．10代半ばで感じた周りとの違和感、「自分は周りと違う、普通じゃない」

第1章でお伝えした通り、僕は13歳で不登校になっています。今まで、原因は何だったのか、必死に考えてきました。原因はわからない、けれど、解釈は何通りもある、これが現時点での結論です。逃げ道を残した、いいかげんな結論だと思われるかもしれません。しかし、そのいい加減さが、病気とつきあっていくには必要だと感じています。

不登校になった当時は、そのよい意味でのいい加減さは全く持てずにいました。学校に通うのが当然だというかたくなな思いがあり、不登校でいる自分は世間に顔向けできないと考えていました。自分で自分を差別的な目で見ていました。

１９９０年代当時、世間の常識では10代の若者たちは（しばしば暴力的なほど）元気にあふれたものとされていました。僕のように、エネルギーを失って無気力になった若者は奇異の目で見られます。大人たちから自分はわかってもらえていないな、と思った最初の体験はこの14、５歳の頃でした。大人たちは僕のことを、対処に困るという顔をして見るのです。

その後、半分不登校になりながら通った高校では、休みの日も寮にこもり隠者のような生活をしている僕を見とがめた担任の教師が心配し、「青春は一度しかない。休みの日は、せめて映画くらい見に行きなさい」と忠告してくれたこともあります。しかし、なんと言われても、自分にはどうすることもできないと感じていました。自分には自分のことを決めることができない、と本気で思い込んでいたのです。根っこの部分には、小学生時代の体験がありました。

2. 親のコントロールに従うことに過剰適応した小学生時代

小学生時代、僕の生活はほぼ全てが母親の思惑通りにコントロールされていました。おやつに食べるもの、テレビゲームをしていい時間、就寝時間など、全て母親の判断であらかじめ決められており、僕の希望が聞き入れられる余地はほとんどありません。希望を「申し立てた」ことはありますが、母親という強力な官僚組織の中でたらい回しにされたあげくに握りつぶされてしまいます。

しかし、母親の判断基準が健康と教育を最優先にしていたので、身体の発達や基礎学力をつけることに関しては、素晴らしい生育環境だったと思います。食事、睡眠、学習、生活の基本は盤石でした。

ところが、これには一つ大きな問題がありました。母親によるルールがあまりに強力で反論を許さないものであったため、徐々に母親の指示に盲従することを覚えてしまったのです。そのほうが、下手に反抗するよりずっと楽だと当時は思いました。しかし、全てを母親に決められるという環境に過剰に適応してしまった結果、当時の僕は、やるべきことを自分で考えて決断していく力を身につけることができなかったのです。そのこと自体、ひきこもりになってから母親に言われて初めて気付いたという有様でした。

両親は言いました、「中学生になったのだから、自分のことは自分で考えて決めろ、そして決断に責任を持て」。至極もっともな言葉で、僕のことを大人として見ようとしてくれていたのだ、と、うれしくも思います。でも僕にはその言葉を受ける準備ができていませんでした。自分で考える、とか、自分の意見を持つ、ということが、どういうことなのか、全く感覚がわからなかったのです。それでも自分の意見を求められると、深い混乱状態に陥りました。自主性、自立性という言葉は、自分に手の届かないものだと感じていました。

いや、それどころか、不登校になる前の短い中学時代の僕は、耳にしたことに何の考えもなく影響されてしまうという、非常に暗示にかかりやすい状態にありました。社会科の先生は授業で、金属バット事件や新興宗教の話を好んでする人でした。たしか金属バット事件の少年は事件の後、テレビゲームをしていたという話を聞いたと思います。不登校になった時、僕はひたすらテレビゲームをしていました。その社会科の先生の話に影響を受けていたのかもしれません。また、仲の良かった同級生たちの幾人かは、三国志をテーマにしたテレビゲームが好きだったらしく、それに登場する武将や歴史的な戦いの話がよく出てきます。僕は不登校になった後、その同級生たちとはもう会いませんでしたが、三国志のテレビゲームを買い求めてずいぶん長い間やりました。これも暗示のせいでしょうか。暗示された行動が、他人に物理的損失を負わせないテレビゲームでよかったかもしれないと思います。

そんな強風に煽られる糸くずさながらの影響され通しの自分を、誰かに止めてほしいと願っていました。一番身近にいたのは、僕より少し先に不登校になっていた弟の研二郎です。ゲームをしだすと止まらない僕が目を悪くしすぎることを気遣い、ゲーム以外のこともしてはどうかと忠告してくれました。母親を通じて見つけたフリースクールに通いだしたのも、研二郎が先です。さて、僕はどうするのか、自分の判断が求められるところになると、再び混乱状態におそわれてしまう……どうしたら、自分のことを自分で決めることができるようになるのか、いばらの道でした。判断力は少しずつついてきているのを感じていましたが、元のレベルがとても低く、根気を要する作業だったと思います。深刻な他害行為に至らなかったのは、ぎりぎりのところで自分の判断力が生きていたからだと考えたいところです。

3．不登校の原因を親に求める被害者意識

僕が入った中学は、校風も自由で、放課後は塾と決まっていた小学5、6年の時と環境は打って変わりました。だれも、規則を振り回すことを好みません。ところが、そこにワナがあったのです。自由な環境を得たはずなのに、なぜだか、以前にも増す不自由を精神的に感じ、何をしたらよいのか皆目見当もつかない大変な混乱状態に陥りました。勉強をはじめ、やるべきことはたくさんあるはずで、それもわかっているはずなのですが、それを察知する感覚が麻痺してしまったようなのです。

後になって僕を担当した心理療法家にこの時の話をしたところ、この時の僕の反応は人の心として自然なものだと心理学的に説明できる、と言われました。束縛された環境から急に自由な環境に移ると、さらなる不自由を感じるという心理学の仮説があり、例証されている、とのことです。

中学1年の不登校になったその時の気持ちは、実はあまりはっきり覚えていません。それほど思考も感情も麻痺しており、機械的に起床し、食事をし、テレビゲームをして、疲れたら床に就く、という抜け殻のような生活でした。ひきこもりの生活を送り、徐々にエネルギーを取り戻していく過程で、徐々に被害者意識を持つに至ったのだと思います。その被害者意識とは、「親は僕をさんざんもてあそび苦しめたあげく、準備ができていない状態で社会に放り投げた加害者で、僕はその被害者だ」というものです。今思うと、これは18歳で治療を始めた頃に固まった完全に後付けの解

釈で、更新される必要がありました。

しかし、そうして被害者としての辛さを親に訴えても、わかってもらえた、という感触は得られません。「被害妄想だ」と言われるわけです。なぜわかってくれないのだろう、許せない、と反発を感じるのですが、少し考えると、被害妄想というのは当たっている、と気付きます。過去は過去として、自分が大人の年齢になった今、両親が僕に何をしてくれているのかを具体的に考えると、収入のない僕に衣食住といくらかの娯楽の費用を提供してくれているわけで、むしろ僕は感謝しないといけない。でも、治療を始めたばかりのころはそこまで考えられず、両親への怒りを感じていました。もう変えられない過去への怒りです。その怒りが、暴力となって現れたのです。

4．怒りと衝動が一線を越えて、暴力となる

治療を始め、薬を飲み始めた時、主治医は副作用のことは何も言いませんでした。病気の主症状と薬の副作用は、しばしば判別が困難です。しかし、身体の変化は薬を飲み始めたタイミングで起きることが多いので、治療中に感じる不快な症状はとかく、薬の服用と結びつけて考えてしまうという経験のある当事者は僕だけではないと思います。僕の場合、薬の服用を始めたことで、外出への恐怖が大きく和らぐというとてもうれしい効果があった一方で、様々な身体の不調を感じ、ひょっとしたらこれは薬の副作用ではないかと思い悩むようになりました。

身体がだるい、うまく手足に力が入らない、のどが締め付けられるような強い不安にとらわれ、思うように頭が働かない……治療を始めた頃の僕の体調変化の一部です。とにかく不安が強く、将来のことを考えては、絶望的な気分になっていました。身近な娯楽の一つが音楽を聞くことです。でも、なかなか音楽のリズムについて行けない自分が居る……この後紹介するのとは別のグループで、「大人になりたくない」というテーマを色濃く歌う作品を、当時よく聞きました。「音楽が流れているのだから、踊らないといけない、これは祝祭だ、大人になりたくない思いを、燃やして大空に捧げないといけない」と強迫的に考えながら、部屋の中で踊っているつもりでいる。それを、儀式のように繰り返す。そう、これは自分が安心感を得るための儀式でした。決して広くはない家に、こんな不可解な「儀式」を毎日のように繰り返している人間がいる。親にとっては大きなストレスだったと思います。「音が大きい」「なぜ、部屋の中をぐるぐる歩くのか」「見ていると目が回る」そうしたことを母から言われました。ある時、その音楽にのって一瞬怒りが高まり、膝を壁に打ち込んで穴を開けます。この時一回きりではなく、前後に何度か同じようなことをやっていました。直接のきっかけかはわかりませんが、母の小言があり、それに屈したくないがゆえの暴力だったのかもしれないと今になって思います。もし、母親の小言に屈し、壁を蹴ることを思いとどまったら、自分は負けたことになる。自分の怒りと絶望はそんな簡単に収まるものではないはずだ。それをわかってもらうための暴力だ、と、自分の中で論理立てていました。それを受けて母は言います、「家を壊すつもりなのか」。僕は壊したくて壊しているんじゃない、そこをわかってほしいんだ、と必死に伝えようとする。そこではたと気付きます、僕は、本当は壁を壊したくないのだ。じゃあ、なぜ、壊すのか？　やはり、辛さをわかってほしかった。本当は壁を壊したくないにもかかわらず壊さざるを得ない、その辛い状況をわかってほしかったのだと思います。自分の衝動がコントロールできないでいること、そして母のなんでもない一言に過剰反応し被害妄想的になってしまうこと、これは、自分がなんとかしないといけない課題でした。

しかし、ひきこもりで、学校からも、同級生たちからも、社会からもつながりを断ち、生きるために必要な他者との関わりを開くために必要である「生きる衝動」を失いかけた僕にとり、この怒りから来る衝動は、「生きる衝動」が再始動しかけている証拠のようにも思え、たとえ結果出るのが暴力だとしても、頭ごなしに否定されたくないと思いました。もう過去のように、ひきこもってじっとはしていられない。過去は過去、自分には今がある。今感じている衝動がある。10代を通して忘れていた感覚です。でも暴力は暴力、壁の穴も放っておいて塞がるわけではなく、自分の過去と同じく「変えられない」ものでもあります。

変えられない過去は被害者意識の源としては盤石です。自分は被害者なんだから、壁の穴くらい許される、と、甘えた考えを抱いていました。

しかし、この時、僕は両親を自分の暴力の被害者にしていたのです。この時、「今」の件については、僕は被害者ではなく壁を蹴破った加害者です。決して親に恐怖を与えたかったのではない、破りたかったのは本当は家の壁ではなく、自分がその時感じていた閉塞感だ、と、いくら言い訳しても、事実は変えられない。

実際、特に母親には恐怖感を与えていました。彼女は言い争いやけんかはおろか、議論ですら極端に嫌う人でした。それがまた、僕は気に入らなかった。とにかく変化を望んでいた僕は、変化のためには破壊は必然だと考えて、母親の考えに真っ向から対立していました。話し合う度に、段々と母は感情的になり、僕は怒りがつのり、お互いに辛い思いをする。暴力がよい方向への変化を招くこともあると、かたくなに信じていた僕は、なんとかそこをわかってもらいたいと願っていたのですが、伝え方、さじ加減が難しかったのだと思います。僕のコミュニケーション力のなさが、ネックになりました。

ともかく、いままで僕は被害者だと思っていたけれど、両親も被害者になった。また、僕の中では両親は加害者で、僕も加害者になった。同じ立場になりました。

ならば、被害者としての僕の辛さをわかってもらえるだろうか？

僕は、加害者として自分の暴力の残した爪痕と向き合えるだろうか？

それまで、感じたことのない感覚です。

両親との間の関係性が、少し深まったのを感じました。

それまで一方通行だった力関係が、双方向になったような気がしました。

もしそうだとすれば、僕の暴力は辛さをわかってもらうために意味あるものだったのかもしれない……。

このことを認めてよいのか、迷いがあります。本当は暴力に訴えずに、関係性を深めたかった。でもそれには僕の力は及ばなかった。及ばなかったのは、誰かを傷つけるかもしれない力ではなく、自分をコントロールする力です。そんな力があることすらそれまで気付きませんでした。

でも、それを伸ばしていけば、自分をコントロールすることで自分の思いをわかってもらえるかもしれない、淡い希望も見えました。これは、新たな展開です。

ずっと辛さをわかってもらいたい、と、両親の側に変化を求めていた。その思いが高じて振るってしまった暴力のあと、変わったのは自分の考え方と視点だった。「わかってもらうための暴力」と「変化を起こす暴力」を、そこで体験したのだと思います。

5. 夜中に大音量で絶望の歌を流す

壁の穴の他にもう一つ、騒音のエピソードがあります。１９９０年代当時、洋楽を聞き始めていた僕は、買い求めたＣＤの歌詞カードを見るにつけ、ただならぬものを感じていました。端的に言って、歌詞の表現が凄まじいのです。当時の日本のＪポップにはなかなかないレベルの凄まじさです。

特に、持っていた中で一番激しいダンス・ロックのアルバムは、怒りと憎しみ、暴力と自己嫌悪に満ちた、とても痛々しい歌詞の曲でいっぱいでした。当時の僕の限られた英語力で、断片的にしか理解できないものの、例えばアルバムのタイトル曲のテーマは拳銃自殺だったり、後に有名な歌手にカバーされたアルバム最後の曲は自傷行為が歌の導入部のテーマだったり、とにかく、これを作った人間は僕よりずっとたくさん辛い体験をしている、と、確信させるに十分な内容でした。なにかと影響を受けやすい僕のこと、夢中になるのに時間はかかりませんでした。最初は普通の音量で流し、「音楽」として楽しんで聴いていましたが、聴き込んでいくうちにだんだん、音楽の中の怒りに自分の中の怒りが共鳴していくのを感じはじめます。

そしてとうとう、その、自殺や暴力、死などをテーマにした激しいロックを、夜中に大音量で流すことを断続的に続けたのです。

自分の強い緊張状態のため、音楽を楽しむ余裕などない状態でした。そして多大な近所迷惑になることもわかっていました。それでもボリュームを上げる衝動をこらえきれませんでした。「両親も、この絶望の叫びに耳を傾けるべきだ」そう真剣に考えていたのです。両親には、絶望が足りない、と、思い込んでいました。少なくとも、両親はひきこもりや精神病は経験していません。それらの当事者の気持ちは、直接にはわからないはずです。そうであれば、せめて音楽や文学を通してでも知るべきで、息子が当事者なのだからそれは当然のことだと思っていました。

ショパンを愛し、激しい音楽を嫌う母は、とても辛そうにしていました。それを見て、僕は怒りを募らせます。どうしてこの絶望を受け止められないのだろう？　わかってくれないから、大音量でかけてしまうのだ……うまく伝えられない思いが、騒音という暴力という形をとっていました。

今そのアルバムを聴くと、その激しさをかえってユーモラスに感じます。もうあの頃のように曲の中に入り込んで聴くことはできません。しかし逆に、当時の僕が、そのアルバムにユーモアを感じられなかったのは、理解が足りなかったのだと思います。ユーモアを感じられていたら、大音量で流す必要もなかったはずです。

6. 理解と無理解の二者択一を越えて――暴力の無力さを実感し、考えに変化が起こる

自分の身体を傷つけることは何とも思わなかったと同時に、いつかは自殺をしようと思いつつ、そのいつかはまだまだ先だと思っていました。自分には何もできない。自殺すらできない。わかってほしかった辛さとは、その自己否定的感情だったのだと思います。10代から続くコミュニケーションへの苦手意識は病気の治療を始めて頂点に達し、それに加え、好きだった絵を描くこともままならない、筆がすすまない、本を手に取っても集中力が続かない……本当に何もできない、何をやっても自分はだめだ、という感覚です。両親はそれを否定しようとします。「お前にもよいところがたくさんある。それに気付いていないだけだ」というわけです。

では、なぜ、学校にも仕事にも行けず、家で暇をしているのか。そこは社会的ハンデの事実として認めてほしかったと思います。自分はちっぽけな、どうでもいい存在だ、そんな僕を育てた親も同じだ、批判しようが大したことではない、どうでもいいことだ、そのことをとにかくわかってほしいと思っていました。繰り返しになりますが、僕はどこにいても何らかの「被害者」だという意

識をなかなか抜け出せなかったのです。しかし、ゆったりとした変化の波が、そんな僕を変えていきました。

その、僕の被害者感情が変化したきっかけの中で、一つ大きなカギになった存在がカウンセラーのAさんです。治療を始めて1年少し経った時、主治医から、「新しいことをやるといいと思う。デイケアと心理検査と、どっちがいいか」と言われ一度デイケアを見学しました。その時は、デイケアの中で会話の難しさに直面し、考えた末、心理検査を選びます。そこで、Aさんから5年ほどにわたり、週1回、40分間のセッションを受けることになったのです。当時の僕は、心理カウンセラーと聞いて、話したことをなんでも詳しく分析し深層心理について教えてくれる人を想像していましたが、実際に会ったAさんはとてももの静かな印象の人でした。当時僕はカウンセラーに何を求めていたのか考えると、なんでも理屈で説明してくれるようなことを期待していたのだと思います。打って変わり、Aさんは話を聞くことのプロフェッショナルでした。そして、当時の僕は、なによりも、人の話を聞くことを覚えなければなりませんでした。さらに、話を聞くことを覚えるためには、僕はまず、自分のことを洗いざらい話す必要があったのだと思います。そう、Aさんは、僕が人生で初めて持った「何でも話せる相手」になりました。自分の体験についての話を始め、音楽のこと、美術のこと、読書のことなど、とにかく話しました。音楽については、話だけではわからないということで、ある時備品のラジカセを持ってきてくれ、セッション中に僕の持ってきた音楽を聞いたこともありました。自分は受け入れられているのかも知れない、という感覚が、徐々に育っていった時期です。

同じ頃、生活面では、絵を描いたり、ウォーキングや簡単なヨガのストレッチをやったりしていましたが、そこで、不思議な体験をすることになります。それは、白昼夢でした。ストレッチ体操をしている最中に突然、自分が過去に関わった人たちが、自分が過去にいた場所に現れる、そんなイメージが去来します。一度きりではなく、何年にもわたって、何十回と続きました。見えているわけではないので、幻覚ではありません。ただ、見えている感じがするので、偽幻覚と呼べるかもしれません。登場人物は、具体的に誰それがいる、と、感じられるのです。そして、そのイメージがやってくると決まって、涙があふれます。生家の前の道と、中学校の僕が入試を受けた保健室が、一番多く現れた場面でした。ストーリーがあり、一つの白昼夢がまた次の白昼夢につながり、という風に展開していきます。その白昼夢とあわせて進行していったのが、自分の過去に対する解釈の変化です。よい面を見て解釈できるようになっていきました。みじめだと思っていた自分の子ども時代も、視点を変えれば、とても恵まれていたものだと思える……大変な思いをしてやっていたバイオリンも、中学受験の勉強も、する機会に恵まれて幸運だったかもしれない、と、他の多くのことともに思い返していきます。

この視点の変化にカウンセリングや白昼夢がどう具体的に関わっていたかはわかりません。白昼夢にいたっては、ことの存在自体疑われるかもしれません。しかし、僕にとっては実体と意味のあるものでした。何でも理屈で説明するべきだという僕の思い込みは、この白昼夢の体験を受けて、一度無に帰したのだと思います。

その自分の思い込みが無になった地点が、僕の精神病者としての人生の新たなスタート地点になったのかもしれません。そこに到達するためのプロセスの中で、自分の無力さの極限の表現が暴力なのではないか、暴力では何も変えられないと意識した時、自分が生きることに対する姿勢が変わるのではないか、暴力は、そうした少しややこしい形で変化につながっているのではないか、今の僕は、そう解釈しています。

多くの当事者が、通過点としてそうした暴力を体験しています。人間の成長期における反抗期のように、精神疾患とつきあっていくリカバリーの過程で成長の道しるべとして暴力があります。ここで、暴力を肯定しているのではないことを理解いただきたいと思います。暴力を乗り越えた当事者の穏やかな「今」があるのは、自分が振るった暴力に対する自責の念があるからです。暴力によって相手に与えた辛い体験は、帳消しにすることができません。未然に防げればそれにこしたことはないのです。しかし、人は過去を変えることはできなくても、その解釈を変えることはできます。自分の暴力を振り返るたび、どのようにしてその埋め合わせをしていくのか、僕は考え込みます。これには終わりはありません。生きている限り続くのだと思います。もし、人間は時間とともに変化し続ける存在だとすれば、僕の暴力に対する内省も、僕が変わり続ける原動力となるでしょう。多くの当事者と知り合い、変化の道筋も一つではないことを知りました。

当事者だけではなく、家族や支援者も変化し続ける存在のはずです。言葉は発したそばから古びていき、暴力の興奮も手を上げた少し後にはもう跡形もなく後悔が取って替わります。昨日まで理解できなかった詩が突然意味深く響きだすこともあります。そんな変化を僕は信じたいと思います。そう思い、自分の解釈の変化をもとに、「わかってもらうための暴力」と「変化を起こす暴力」について書いてきました。わかってもらうための一番の近道は、相手のことを理解することではないでしょうか。変化を起こすためには、まず自分が変わることです。当事者、家族、支援者、それぞれがその意識を共有することで、暴力を越えた当事者のリカバリーにつながっていく、その希望を、ぜひ多くの人に伝えたいという思いをお伝えし、この章を終わりたいと思います。

第3章を受けて

家族への暴力は、当事者が家にひきこもっている状態で起こりやすい。悠一郎さんは、10年にわたるひきこもり生活の中で、多くの葛藤を抱えて苦しんでいた。その原因が親にあると思い込み、また、親に辛さをわかってほしかった。コミュニケーションがうまくできない彼は、親にわかってもらうために物に当たった。暴力をふるうと力関係が変わる。暴力が持つ魔力のようなものだ。これまで親にコントロールされていた関係が同等あるいは上下逆転する。悠一郎さんは、自分が暴力をふるうことで自分が加害者、親が被害者になり、被害者である自分と親が同じになったという感覚をもっている。与えられている（と感じている）力への反発として、暴力が出るという側面がある。また、暴力をふるった当事者が、暴力では何も変えられないと意識したときに、生き方を変えるということもしばしば聞く話だ。「人間の成長期における反抗期のように、精神疾患とつきあっていくリカバリーの過程で成長の道しるべとして暴力」があり、過去の「暴力に対する内省も、僕が変わる続ける原動力となる」ことも悠一郎さんに限らず、他の当事者からも聞く内容である。暴力をすれば後悔に苛まれる。しかし、現状を変えたいという変化を起こすための暴力もある。暴力は、必ずしも負の側面だけを持つものではない。これは、私の暴力の見方を変えた。

［蔭山正子］

コラム▼家族がいるから破壊した

桃太郎▼

辛うじて、加害者にならずに済んだ奴。

私は自分のことを、そう思っている。

私は親元で暮らしていた折、ひきこもりだった。それも、穏やかでない奴。床を踏み鳴らす、本をやぶく、枕で家具を殴る。自分の拳で自分の腿を殴ったり、背中を壁に打ち付けたりすることも頻繁だった。他者を怪我させることはしなかったが、いつもいつも、不穏な思いにさいなまれていた。

自分の空間が守れないことでの、不穏。

当時の私は、自分に触れられることを、極端に嫌った。体の接近だけでなく、見られることも話題にされることも、我慢がならない。見られた、と感じようものなら、視線が自分にまつわりついている気がして、払い落とそうと自分の体を叩き続ける。

台風が来たときに、親が私の部屋に入り、窓を閉めてくれたことがあった。その後は、窓辺の小物を端から壊した。きれいな大切な物を並べていたのに、全て穢されたと感じたのだった。

あるいは、自分のペースが保てないことでの不穏。

例えば、洗面台を使いたいとき。我が家の間取りでは、自室から廊下を渡り、居間を抜けた先に、洗面台がある。誰とも会いたくないから、居間から母が居なくなるのを、じっと待つ。その間に、手前の廊下を父が行き来する。いったいどれほど待たなければならないんだ。ぼうっと気長に構えていればいいのだが、腹の底に苛々が溜まってくる。苛々を体内に収めておけなくなって、床を踏み鳴らしだす。

総じて、私の粗暴性は間違いなく、家族への甘えだったろう。

私は4年前からアパートに独居しているが、一人で居れば落ち着いている。アパートで床を踏み鳴らしたら、大家に追い出されるだろうし、物を壊したって、それを見る人もいない。

そう、私は、打算的に暴れていたのだ。

小物を破壊したときも、貯金のお札は破かなかった。自分を殴っても、他者は叩かなかった。ほんとうに親が許さない一線を、超えないようにしていた。自分が最低限の生活を送れる範囲で、破壊衝動を放っていたのである。

その上、暴れる様を親に見せていた。

ひきこもるしか選択肢がないほど重病なのだと、親にわかってほしかったし、自分自身でも確信したかった。そうでなければ、自分で自分に、ひきこもることを許せなかったのだ。重篤ぶりを誰の目にも明らかにするため、粗暴さを抑えなかった面がある。

当時、衝動性がひどかったことは間違いない。

理性が衝動性に負けていたんだ、と言い訳したい。

衝動性を抑えきれる健康さも無かったし、衝動性を消化するコミュニケーション方法も見失っていた。

しかし、家族が居るからこそ破壊衝動を放出していたとすれば、家族にとってはどんなに迷惑だったろう。もし最後のタガが外れていたら、自分を殴るついでに家族を蹴り飛ばしていたかもしれない。あるとき、父が私の首を絞めに来たが、父はああして家族を守ったのだ。

最近、こう思うようになった。

私のあの粗暴性は、自閉症児に似ていなかっただろうか。「常同行動」という自閉症の特徴がある。不安を覚えたときなどに、ぴょんぴょん飛び跳ねたり自分の胸を叩いたり、同じ動きを繰り返す行為のことだ。それに没頭して不安を遠ざけるねらいがあり、本人から支援者へのSOSでもあるらしい。

不安・不穏の種を、予測して避けられたなら、暴れずに生きられるだろうか。

今の私にならば、それができるだろうか。

破壊衝動という悪魔、奴を二度と、生みたくない。

「家族がいるから破壊した」を受けて

暴力というのは、相手との境界が曖昧になって近くなると起きやすい。そのため、物理的境界と心理的境界が重要になる。桃太郎さんの場合、視線がまとわりつくなどの精神症状もあり、自分の空間、つまり、物理的距離が必要だったと考える。物理的距離を過度に必要とする人にとって、自室は「聖域」だと言う。部屋に入って物を触ったことで「穢された」と感じている。また、自分のペースを保ちたい。洗面台やトイレに行くときに他人が近くを通っただけで、怒って暴力に発展するということは他でも聞く。

また、親子という心理的距離の近さは、親にわかってもらうために暴力は許されるという甘えになってしまう。彼が「家族がいるから破壊した」と言うように、別に暮らして物理的距離をとれば、自然に心理的距離もとれ、本人は楽になる。暴力がひどい場合は、同居している状態では、心理的距離をとることが難しいことが少なくない。その場合、別に暮らすと本人は楽になることが多い。一概には言えないが、自立訓練施設を利用したり、訪問看護を入れて独り暮らしをするなどの方法も選択肢に入れるとよいだろう。

［蔭山正子］

コラム▼親への甘え

荒木雅也

私は複雑性ＰＴＳＤ（心的外傷後ストレス障害）を20歳の時に発症した。その後、４か月半入院し、入院中にセルフヘルプグループの存在を知る。トラウマなどの治療をしつつ、退院後は、ＮＰＯ法人のデイケアに通い、自分の考え方の悪い癖を取り除きつつ、夜はセルフヘルプグループに通う日々を2年間続けた。今現在は就労継続支援Ｂ型、「シャロームの家」で利用者として働いている。

自分が親に暴力をふるっていたのは甘えだと思う。

「心の中にくすぶる怒り」がそう思う一つの理由だ。

私は１９９４年生まれの23歳だ。小学校時代、いじめにあい、いじめの対抗手段を夜、頭の中でこうしてやろうと思うのだが翌日、実行できずに悶々とする気持ちが続く子どもであった。両親の離婚や、再婚相手の存在などでイライラ、恨みなどがたまっていく過程で、心の中に出る感情はだしてはいけない、繕わなければいけないという思いが出てきた。

その結果として嘘を親以外の友人、仕事仲間、仕事の上司全員についてしまう癖がついてしまった。嘘などついていると心の中に罪悪感がたまる。でもこの罪悪感もやっかいなもので、自分の中にしっかりと生きていこうという理想が高すぎるがゆえにちょっとした嘘でもおれはこの世に生きてはいけない存在なのだと思い込んでしまうほど深刻にとらえてしまう。そういう自分に対しての恨み、怒りをどんどん自己生産していく中でたまりにたまるとこんな育て方しやがったあいつらのせいだと責任転嫁するのが私のパターンだ。「親のせいにするという生き延び行動」としての暴力が、親への甘えであると考えるのは次の理由による。

親のせいにするということで、私の恨みが一瞬だけ、解消する。そうか、あいつらのせいでこういう状態にある（つまり周囲に嘘をつきまくっている）自分を正当化することができる。

仕事の上司が怖いからとか、周囲の人間が優しくないだとか、親以外の人のせいというパターンを使えばいくらでも理由づけすることはできる。なになにがいけない。だからこれをしてていいのだという考え方は一時の私の救命道具であった。私の生きる意味をつなぎとめるほど強固で固い命綱。

それを解き放ち、自分の責任で生きる生き方は恐怖でしかない。自分のドロドロした自分でもわからない内面など見たくもない。一番強くて安堵する強力な薬、それが親のせいにするということなのだ。

そんな強力な薬にどっぷりつかっていた私がよくなっていくきっかけはなんだったのだろうか。

一番は「服薬」である。案外仲間の話を聞いていると、朝晩、毎日継続して飲んでいる仲間は少ない。毎日、飲む習慣を身に着けることって簡単なようで難しいことだ。

この「簡単なようで難しいことを増やしていくこと」が私の人生を大きく変えていくことに

なる。例えば、朝決められた時間に起きること。歯を磨くこと、顔を洗うこと、ふろに入ること。病気だからできないというのは嘘である。ただ私が心がけていることは歯をみがかなければいけないとか常に頭の中にねばならないが襲い掛かってくるので、そういう時にこそ、仲間が言ってくれた、１日で病気になったわけではないのだから、気楽にね、という言葉を思い出している。

病院の「仲間」の存在も大きい。彼らの言葉は、普段私が到底考えつかなかった言葉を教えてくれた。私が今こうしてパソコンで文章を打つことができるのも仲間の存在があってこそだ。まず、やるべき課題があったら、準備だけする。やらない。準備だけする。準備してｗｏｒｄの画面が開いたらもう終わりと思うこと。それだけで今こうして文章を打てている。準備だけしてみる。これは今使える有効なツールだ。

ここで注意しなければいけないことは本当に自分が辛かったこと、悲しかったことでさえも自分がいけないと思ってしまう心があることだ。悲しかったこと、辛かったことの真実を感じることは決して間違っていることではない。怒りや恨みそのものの感情がいけないものだと私は思ってきた。怒るのもいけない。当たり散らすこともしてはいけない。常に対話を心がけてニコニコしていなければいけないと。そう思えば思うほど、恨みはたまっていくし、怒りもたまっていくのだ。だから、怒りそのものが悪いというものでもなくそれを適切に対処しないまま、その感情を爆発させ、当たり散らしている状態が親のせいにするパターンだ。だから、自分の責任と、相手の責任を分ける考え方を身に着けていかなくてはいけない。根本原因は自分を恨んでしまう考え方と、幼少期から身に着けた、押し黙る。沈黙する。何でも言うとおりにする＝その結果、相手への恨みが増大し、爆発する気持ちを一番身近な自分や親へ八つ当たりするパターンだからだ。

「親への甘え」を受けて

いじめに遭い、ひとりで闘って悶々としていた小学生の男の子。その時に気づいて助けてあげられなかった親は、きっと自分を責めているだろう。処理できない怒りや恨みを押し殺し、取り繕う。何もないようにニコニコして。想像するだけで痛々しい。

苦しみ、怒り、恨み、悲しみ、そういった負の感情であってもすべて感じていたいと私は思う。一人の母親として私なら、感じないよりも、感じて親にぶつけてくれたほうがいいと思う。親には甘えてもいい。でも、甘えが過ぎると距離が近いが故に歯止めが利かなくなる。ぶつけられたことを受け止めることは必要だが、ひたすら受け続けることは本人の自律を妨げてしまうだろう。自分もできた親ではないし、完璧な親などいない。親も子どもと一緒に育っていくというのは、私の実体験でもある。

［蔭山正子］

コラム▼私の家庭内暴力体験に想うこと

藤井哲也▼

私は、昨年（２０１６年）夏、精神疾患に罹患し精神医療のケアを受け始めてからちょうど40年を迎えた当事者です（因みに現在の診断名は統合失調症です）。

病気発症当時、勉学に励み、その行く末、生活のリズムが崩れていく中、不眠・イライラなど感情の起伏の波の大胆な乱れといった精神疾患発症の典型的なパターンが進行していきました。中学３年の夏、今まで順風満帆に上がっていた学業成績が初めて落ち、失意の方向に心が向かいました。その時分からひきこもりが始まり、その鬱屈なしがらみからの脱却を望みながらも、どうにもこうにも次へ進めない自分を思い感じつつ苦悶の日々がスタートしたのです。そういう中、登校拒否が始まり、部屋にひきこもり心を閉ざしました。その生活でも唯一の会話の相手が母でした。母もいろいろと心配し、気配りをしてくれました。ときたま外出し帰宅した時、外出先での憤怒（ストレス）をぶつけるターゲットが母でした。それが今に言う家庭内暴力です。

昨年、蔭山先生をお招きしての某家族会主催の講演会を拝聴しました。その中で先生の講演の後、家族会の体験発表があり、精神障がい当事者である子息を抱える母親が暴力を受けた現状を報告しました。先ほどの私の外出先から帰宅後に母親に行った暴力行為と全く同様な体験発表をしました。その母親は突然帰宅した息子さんの暴力行為にただただ恐怖に怯え、その対応に苦慮しているとのことでした。

私が思うには暴力に怯えないで、まず相手本人を温かく迎えてあげることの大切さを痛感します。つまり、外出先でのやり場のない気持ちを外出先で対応できない弱者（精神障がい者）なのです。だからこそ帰宅後、母に当たるのです。私はそれは単に暴力ではないと思います。また、暴力に傾注する行為を精神疾患の病状発現で安易に片付ける精神医療関係者の診断も早急過ぎると思います。

それでは、その実態とは何だと思いますか？　それは単なる甘えです。行く末に行き詰まった本人のSOSの叫びです。精神障がい当事者は常日頃生活を営む上で、次なる生活へとその改善性を模索し悩んでいます。しかし、社会での孤立の中、社会性を喪失しているがためストレスを溜めやすく、止む無く暴力行為へと家族という幼少からの温床でそれを演じるのです。

まず、愛をもって受け止めてあげてください。それによって当事者本人の選択肢の裾野が拡がるのではないでしょうか。そのタイミングを見計らってください。家庭内暴力を体験した家族の皆さん、暴力行為へ走る精神障がい当事者をまず精神疾患・精神障がい者として捉えず一人の人間として見守ってあげてください。なぜなら障がい者ご本人が自ら望んで病気になったわけではないからです。精神障がい者ご本人が一人の人間として生きていることをお互いに分かち合うことが最良のアプローチです。

最後に日本国憲法第25条の条文を掲載し、論点の整理をしたいと思います。

「すべて国民は、健康で文化的な最低限度の生活を営む権利を有する。」（生存権の保障）

この憲法に謳われている真意は、精神障がい者の暴力との問題の中に何を教示しているでしょうか。その問題点は、家族への暴力行為に走る精神障がい者に課せられた課題でしょうか？　それとも、その問題を社会に訴えた家族でしょうか？　この問題解決のアプローチの先に見えるものは、実は社会全体がその問題を絵空事として捉え、無関心に見ている現状ではないでしょうか。まず、その問題を社会全体でお互いに共有し合い、助け合いの中、構築していくことによって、その先に解決の帰結点があると私は思います。以上、私の家庭内暴力の体験から現在寛解状態の中、リカバリーしてきた私の現状を踏まえて述べさせていただきました。

「私の家庭内暴力体験に想うこと」を受けて

当事者は、たとえひきこもり状態を脱しても、社会で孤立し、やり場のない気持ちを抱える。コミュニケーションが苦手な当事者は、帰宅後、そのストレスを暴力という形で親に向ける。家族への暴力は、「単なる甘え」と言い切る藤井さん。藤井さんは、措置入院を含めて精神科の入院を何度も経験するなど、精神障がい当事者として豊富な経験をもっている。回復して、結婚し、一般就労しながら、ピアスタッフとしても活動している。暴力をふるってしまったこと。それがなかったら、ここまでリカバリーできなかったと言う。社会に貢献する生き方をすることで、親に恩返しをしている。悠一郎さんと同じく、親に暴力をふるったことが生きる力につながっている。

確かに、親に暴力をふるったことが生きる力になるという側面はあると思う。しかし、親は身体的暴力を受けないように、なるべく逃げてほしいと私は思う。藤井さんは、親に「暴力に怯えないで」と言うが、怯えるかどうかは反射的なものであり、意識して耐えられる類のものではない。PTSD（心的外傷後ストレス障害）になってしまえば、いくら当事者を大切に思っていても、顔を見ること、近づくこともできなくなることは少なくないのだ。私が「家族への暴力」というテーマを研究するきっかけになった母親もそうだった。その母親は息子の目を見て話すことができず、息子はそれを悲しんでいるという。また、別の家庭でも、父親が暴力をふるった息子を大切に思ってはいるが、反射的に息子から逃げるようになった。その母親は、PTSDになる人がいることを知るまで、父親の振る舞いを理解できなかった。また、暴力はふるわれた側だけでなく、ふるった側にもPTSDを発症させるリスクがある。暴力をふるった後に親が受けた傷を見ると、脳裏に焼き付いてしまうことがあるのだ。暴力を受けないように防ぐことは難しい。それでもなるべく暴力は防ぐこと。暴力をふるわれる側とふるった側のどちらにとってもそれに越したことはない。長期的な親子関係を考えれば、とても重要なことだ。

［蔭山正子］

第4章　医療での傷つき

堀合研二郎

0. 私が統合失調症と診断されたのは大学3年の春

イニシャルを言っただけでも学校名が分かってしまうような名門私立大のお気楽学生だった私は、「そろそろ就職のことでも考えるか」、なんて思いながらこの世の春を謳歌している、つもりだった。桜並木の下を学友達と連れ添いながら歩くブランド物に身を固めた私。そこからの絵に描いたような転落。今は「転落」だなんて思ってないけど、そこからここまで戻って来るのに精神科への入院を計4回経験した。

この文章を読んでいる方はすでに兄（堀合悠一郎）の文章を読んでいることと思う。弟の私としては彼の文章を読むまでもなくよく知っていることだが、兄は生きる上での分かりやすい葛藤を抱えた人であり、それに対して弟の私は何事も深く考えずに能天気に生きる人、だと思う。自己肯定感が異様に高い。そんな私が計10年近くも苦しんだこと。それは何をやっても人並み以上にできる自分が精神疾患を患い、それと共に生きていかなければいけないという「事実」を受け入れること。それができなかったからこそ4回もの入院を経験した。病気の自分を受け入れるのに4回の入院が「必要」だった。

精神疾患の領域に携わる医療従事者や福祉職はよく「病識」という言葉を使う。病識とは、自分が病気だという認識のこと。「あの患者さんは病識がない」。病識に続く言葉は「がない」だと決まっている。自分を病気だと認めない。だから薬を飲もうとしない。入院の必要を理解しない。福祉的支援を受け入れようとしない。そんな（彼らにとって）困った患者を指す。

私自身に病識が完全になかったかと言えばそれは違う。妄言・妄想などの明らかな陽性症状がある。それは認めざるをえない。薬を飲むのをやめると目に見えて調子が悪くなる。誰より自分が一番よく知っている。私が認められなかったこと。それはこの病気とずっと付き合って生きていくということ。薬を飲み続けて、精神科に通い続ける。そんな自分を肯定すること。それができなかった。

主治医との診察時にこんなやりとりがあった。私の症状は統合失調症の典型的なものとはかなり違うと思う。そんなことを私が言うと医師は、症状がどんなものかはともかくあなたは薬をちゃんと飲んでさえいれば普通に生活できるのだから飲んでください。そう言われた。薬の助けを借りさえすれば日常生活が平穏無事に送れるのはものすごくありがたいことだと今は思う。だけど当時の私は精神病を治して、つまりは薬をのまず、精神科にも通院しない、そんな自分でなければ社会を大手を振って歩けない、そう思い込んでいた。統合失調症を患う前の、大学3年の春の自分に戻ること。時計の針も私の心も元には戻せないと知っているのに……。

1．1度目の入院（最悪の入院）

私の病歴を知る人は今の姿とのギャップが大きいと口を揃えて言う。人生初の精神科入院は幸せな大学生活からの急転直下の措置入院。警察の保護を経由して精神科病院の保護室に送り込まれる。

この入院はわずか2か月足らずのものだったけれど、嫌だったことしか覚えていない。同じ病室に一日中大声をあげている人がいたこと（夜は寝てくれたけど）。隣のベッドが近く顔が向かい合うのが嫌だったので、自分だけ枕を逆サイドにして寝ていた。ベッドとベッドの間に仕切りのカーテンがなかったのだ。与薬時には患者を長蛇の列に並ばせたり、今から考えると色々と問題の多い病院だったのだろう。水分の確保にも苦労した。3度の食事の時にやかんごとお茶がでるのだけど、それは古参患者たちが独占してしまう。ペットボトルはなぜか自己管理できない。つまりは水道水を飲むしかない。テレビの音が馬鹿でかい。小さくしようとしたら「耳の悪い人が聞こえないじゃないか」と言って元に戻されてしまった。基準がそこなのか……。

何か良かったことを思い出したいが……女性看護師は年配者が多かったが、数少ない若い看護師は割と美人だったかもしれない。ただ、それを楽しめるような気分でもなかった。

とにかく早く退院したい。そのことしか考えてなかった。正直、精神科に入院して自分の人生は終わったと思った。親から雑誌を差し入れてもらって読もうとするも頭に入らない。現代文の偏差値65の私が『ナンバー』のエッセイすら読めないのか。入浴時に目にする他患者の体は、若者でもなぜか異様に腹が出ている。薬の副作用によるもののようだが、自分もいずれああなってしまうのか。ブランド物の細っそいパンツが入らなくなってしまうではないか！　私の人生は終わった。

今思えば人生が終わったわけはなかったのだが、その当時の私にとって精神病を患うことなど対岸の火事だと思っていた。自分の知っている人に精神病の人など存在しなかった。映画の中でしかありえないことだと思っていた。本当は実の兄という一番身近なところにそういう人がいたのであるが、その頃の兄は私にとって身近な人ではなかった。正直言って見下していたと思う。悪い弟だな。

私が1度目の入院からつい最近まで思い煩ったもの。それは専門的表現で言えば「セルフスティグマ」だと思う。自分で自分に「汚点」をつけること。病を患う前は精神病の人を見下していた。その見下す対象が病を患って自分自身に転化する。精神病なんてありふれたもので大したことじゃない。最初からそう思っていればこんなに苦しまずに済んだのだと思う。

1度目の入院は西暦２００３年のこと。それから14年経った今、精神病はだいぶポピュラーなものになった。単純に患者の数が増えていてそれは必ずしも喜べることではないんだけど、精神病の人にとって生きやすい世の中になってきているとは思う。今私は講演や執筆、イベントへの出演や企画などでどんどん世の中の表舞台に出ていく活動をしている。必ず顔も名前も病名も公表するようにしている。それは、精神病なんて何も恥ずかしいことじゃない。健常な人たちと同じだけのことができるし劣っているわけでもないんだということを、世の中に示したいのと同時にあの時の自分に教えてあげたい。過去の自分に向けて普及啓発活動をしている。もちろん、その側には同じ悩みを抱える多くの当事者がいるであろうことを想定しているわけだ。

1度目の入院ではとにかく時間の使い方に苦労した。やって楽しいことが何もない。読書、楽しくない（そもそもちゃんと読めない）。テレビ、楽しくない。食事、美味しくない。ＯＴ（作業療法）では映画鑑賞やカラオケやスポーツもあったが……映画鑑賞では「寅さん」を観たが、あのお決まりのマドンナに恋人が現れるラストの切なさが、私には辛いだけだった。

唯一の救いらしきものは、他の患者との交流だった。これが私にとってのピアサポートとの出会いかもしれない。話す内容は実に他愛ないもの。音楽、テレビ、スポーツ、女性⁉　まあ男性のみの病棟なので推して知るべしだ。

私がいたのはいわゆる閉鎖病棟で、私がいた2か月の間に退院したのは確か3人だけだったと記憶している。これが多いのか少ないのかよく分からないのだが、想像して欲しいのは人生で初めて入ったところで最初からいた人たちの大部分は自分が出て行く時もそこにいたということ。同じ病室にいた私以外の４人は全員1年以上入院している人だった。10年以上の人もいれば20年以上の人もいた。みんな日々を穏やかに過ごしていた。どこが悪いんだろう？　何をするためにここにいるんだろう？　私には分からなかった。

停滞感のある絶望が蔓延しているのを感じた。そんな所から出られると決まった時。嬉しかったのは間違いないけど、同時に素直に喜べない自分もいた。この人たちはどうなるんだろう？　余計なお節介かもしれない。だけどこの文章を書いている今切に願う。あの病院のあの病棟に、私の知っている人がいませんように。

1・5．入院と入院の間

1度目の入院から退院して、それから2度目の入院をするまでに約6年半の月日が流れている。この文章は入院体験に絞って書くことになっているので、その6年半のことを事細かに説明はしない。だけど一言で言えば、私は既に回復していた。生きていて楽しかった。普通に人並みの生活を送れるまでになっていた。だけど、そんな自分に満足ができなかった。先に触れたように、薬を飲んでいること、精神科に通っていることを人より劣ったことだと考えてしまう。完全な姿ではないという思い込みがある。そんな患者がやることと言ったらこの業界では相場が決まっているようだ。「怠薬」という言葉がある。薬を飲むことを「なまける」あるいは「おこたる」。随分ひどい言い方だと思う。そんな風に言われたら薬を飲むのがますます嫌になるのではないか。

私はいわゆる寛解状態で何不自由なく日常生活を送っていたのであるが、薬を飲むことだけはどうしても嫌で、ある時から怠薬を始めてしまった。始めてすぐは特に問題なく過ごせていた。むしろ調子が良くなったと自分では感じていた。しかしそれは長続きしなかった。急激に陽性症状の波が押し寄せてきた。突然号泣したりおかしなことをしゃべったり。家の中でパフォーマンス的なことを始めてしまう。カメラが何台も仕込まれていて自分のことを撮っている。それを全国民に放送している。そんな妄想に取り憑かれてしまった。

理性がぶっ飛んだ状態だった。世界がおかしくなってしまった。家族もおかしくなってしまった。父も母も兄も。そんな風に感じていた。本当はおかしくなっていたのは自分自身だったのだけど。結局両親にビニール紐で体を縛られ病院に連れていかれる。

その際に抵抗して母を殴ろうとしてしまう。うまい具合によけてくれたので事なきを得たが、もし当たっていたら大変なことになっていたかもしれない。これは私にとって数少ない家族への暴力体験だ。母を傷つけたいという意図はなかった。その時の彼女を本物の母だとは思っていなかった。おかしくなった世界のおかしくなった住人から身を守るために仕方なく繰り出したパンチのつもりだった。いわゆる統合失調症の陽性症状による暴力と言えるだろう。よけてくれて本当に良かったと思う。ちゃんと薬を飲んでいればそんなことにならなくて済んだのだが。ただ、人によっては薬を飲んでいても陽性症状がおさまらずに暴力が現れる場合もある。そうだとすると大事なのはやはり、暴力を振るわれる家族の側が逃げたり避けたりすることなのだろう。

ビニール紐をとかれて入った診察室にはやけに大勢の医療者がいた。入院決定の際にはよくあることで同じ体験をしている当事者も多いと思う。その際にみんなの顔がやけにくっきりと見えた。よくよく考えると私はその時眼鏡をかけていなかった。ど近眼の私は眼鏡無しだと人の顔がのっぺらぼうのようにしか見えないはずなのだが、どうやら統合失調症の陽性症状によっておかしくなっていた私の頭は見えないものも見えるようになっていたようだ。

診察室でも私はちゃんと話ができるような状態ではなかった。即入院が決定した。入院についての説明は何も受けていないように記憶しているが、きっと説明されても頭に入らなかったことだろう。すぐに男性看護師二人がやってきて両脇を抱えられる（これも入院経験のある方にはおなじみのことだと思う）。

この時の入院形態は医療保護入院なので強制入院なのであるが、そもそも入院をいいとも嫌だとも感じなかった。自分から希望して任意の入院ができるような状態ではなかったので、医療保護入院させるという主治医と両親の判断は妥当だったと思う。医療保護入院というのは本人が嫌がる場合に強制的に入院させるものであり、（多くの場合は）家族の同意が必要で、そのことによって本人と家族との関係がこじれたり医療への不信感が芽生えたりと問題を孕んだ制度だと思うのだが、この時の判断としては妥当だったと言わざるをえない。

2．2度目の入院（最悪だけどいいこともある）

時期は2010年の1月末から8月中旬までの7か月弱。私にとっては一番長い入院期間だ。1度目の入院とは違う病院だった。建物が新しくて綺麗で明るい。正直、良い所に来たなあと思った。そこは数年前に新しくできた病棟らしく、本当に何もかもが綺麗だった。そういうことはものすごく重要だと思う。入院中は寝ても覚めても一日中をその病院の中で過ごすわけで「アメニティー（快適さ）」の要素がとても大切になってくる。病室もお風呂もトイレも綺麗だというだけで、患者の側の心持ちが良くなる。いい感じのホテルに長期滞在しているようなそんな感覚かもしれない。

そういうわけで環境的にはわりと恵まれている病院だったのだが、何ぶん私の状態そのものが良くなかった。陽性症状を再発しての入院だったので、薬の量が日に日に増えてくる。頭が回らないし体も思うように動かない。歯をちゃんと磨けない。体がちゃんと洗えない。歩けない。食べられない。排泄できない。薬の副作用により日常生活に支障がでる。薬を飲むのが嫌で再発して入院したら更に薬の量が増えてますます薬が嫌いになる。なんとも皮肉で悪循環なことだ。

この時の入院で私は初めて「多剤大量処方」というものを経験することになった。抗精神病薬の量はマックスで、更に別の抗精神病薬まで追加されてしまう。当然副作用が強く現れ副作用どめの薬のせいで更なる副作用が現れる。実に悲惨な状態だったのであるが、病院の中ではそんなに珍しい存在ではない。もっとひどい状態の人も沢山いた。脚に障がいがあるわけでもないのに車椅子に乗っていたり入浴時に介助が必要だったり。与薬時に見かける他患者の薬の量は、確かにかなり多いなあと思った。なんでそんなことになってしまうのか？　私は精神科医ではないので何がどうなっているのかよく分からないのであるが、一つ思うのは患者が症状や不安を訴える度に足し算的に処方薬を増やしているのではないかということだ。

当然のことであるが、精神科に入院している患者たちは何かしらの症状や不安を抱えている。精神病の原因については今だに未解明な部分が多いと言われているが、彼らが訴える症状や不安には何かしらの理由があるはずである。そのことにしっかり向き合わずにイージーな解決策にはしってしまうこと。症状を速やかに抑えてくれる薬を用いることはもちろん必ずしも悪いことではない。しかし解決の方法がそれだけになってしまえば自ずと無理が生じてしまうだろう。世の中のあらゆるものと同様に精神科で使われる薬というものも万能ではない。全ての症状を消し去れるわけではない。

私自身に翻ってみれば、今回現れた症状は薬をやめたことで脳内の神経伝達物質のバランスを失ったことにより現れた妄想に基づき行われた奇異な行動ということになるのだろうが、薬を再開することで脳内の神経伝達物質のバランスはすぐに元どおりになったとしても取り憑かれた妄想というのはそう簡単に消えはしない。入院して再び飲み始めた薬によって世界がおかしくなったという感覚はすぐになくなった。つまり薬はちゃんと効いてくれた。だけど妄想は消えなかった。自宅と同様にこの病院にもカメラが仕込まれていて全国民に向けた放送は終わらなかった。パフォーマンスをし続ける私。薬を増やし続ける医者。次第に強まる副作用によって元気そのものがなくなってくる。パフォーマンスを続ける気力もなくなった。もうできない。おとなしくなった。私は薬のおかげで奇異なパフォーマンスをやめることができた。薬の副作用のおかげで症状はおさまった。

パフォーマンスはやめられた私だが、まだ他にも不思議な症状に取り憑かれていた。全ての音が言葉に聞こえる。足音、食器の音、掃除機の音、あらゆる音が言葉となり私に対して話しかけてきた。これは「思考化声」と呼ばれる症状で、統合失調症では割とよくあることのようだ。日常音を言葉として解釈してしまうわけだから幻聴の一種だとも妄想の一種だとも言えるだろう。この症状に薬が効くかというとそれは人によるのだろうけど、私には全く効かなかった。入院してから退院する直前までそれはおさまらなかった。音というのは生活していれば必ずどこかで鳴っているものであり、大勢が一堂に会している病院の中であればなおさらのことである。一日中どこにいても彼（音）が話しかけてくることは鬱陶しいことこの上なく、精神的にかなり辛いことだった。だけど私は彼にすごく感謝している。彼のおかげで人生が変わったと思っている。

なぜかというと彼が話しかけてくる内容というのが私にとってはためになることばかりだったからだ。彼は私の過去の行動一つひとつの悪かったところを事細かに説明して教えてくれた。「そういう時はこうした方がいい」とか「あの時あの人は実はこう思っていた」とか。過去の自分の反省点ばかりを教えられるのは精神的にはきついことだったが、同時にすごく役に立つことだった。思考化声というのは自分自身の頭の内側で起こることであり、音から解釈する言葉も自分の中から発せられたもののはずなので自分の知らないことを言っているというのはおかしなことなのだが、私にとって声の主は全てを知っているかのような超越的な存在だった。退院が迫ってきて彼から教えられることもそろそろなくなってきたかと思えるようになった時、自然と声の主は姿を消してくれた。科学では説明できないような不思議な体験だった。単なる統合失調症の一症状として片付けたくはない。私にとっては貴重な体験だった。

パフォーマンスが収まり思考化声も収まり病気の症状は落ち着いた感があったが、副作用によるしんどさは大して変わらなかった。薬が減っていないので当然だが。増やすのは簡単だが減らすのは難しい。だったら増やさなきゃいいのに。

退院の際には交換条件としてデイケアに通うことを提案された。これもこの業界ではよくあることのようで、デイケアに通うことを退院の「交換条件」と呼ぶことが一部の患者たちの間では定着している。私はデイケアに通うことははっきり嫌だったが入院よりはマシだと思った。なので受け入れた。

時は２０１０年の８月。私の齢はもうすぐ30。大学時代に発病してからどこにも属さずに過ごしてきた私にとって、それはちょっとした再出発だった。

2・5．デイケア

デイケアは実にまったりとした所だった。決められたプログラムというのは特にない。何をするでもなくのんびりと過ごす人が大半だった。正直時間の使い方に困った。読書に集中できるほど静かでもない。英語の勉強などをしようとするも、どうしても誰かが話しかけてくる。ありがたいことかもしれないのだが、私には迷惑だった。

症状は比較的落ち着いている人が多いのだが就労できるほどの元気があるわけでもないようだ。

とりあえず家にこもっているよりはマシなのでここに来ている。なんとも消極的な理由で通ってくる人たち。

早く抜け出したい。そう思っていた。だけど私はまだあの考えから脱却できていなかった。薬をやめてから社会に戻る。どうしてもこだわりから離れられない。またしても魔が差したかのように服薬をやめてしまう。

3．3度目の入院（最悪だけどいいことしかない）

この時の入院は納得できなかった。薬をやめたことにより異変が起きたことは2度目の入院と同じだったが、今回は陽性症状は現れていない。食べられない寝られないという状態になったことは確かだったが、それが強制入院の理由になってしまうのには納得がいかない。

納得がいかなかったので入院間際にも入院中にもだいぶ抵抗をした。過去2回の入院とは違い、入院決定の際にもちゃんと話ができる状態だった。診察室にやって来たがたいの良い看護師二人と長々と話をした。退院請求という制度があることを教えられた。入院中に退院を求めても認められない場合に行政に審査をしてもらう制度である。今回の入院では生まれて初めてこの制度を利用したが、結論から言うと全く意味がなかった。退院請求を申請してから審査のための面接が行われるまでに2か月近くを要したからだ。その頃にはもう（主治医の判断による）退院が間近に迫っていた。

入院した際の私は薬をやめてから4日間ほどたっていた。薬剤師などに言わせると、私の体は薬による反応が出やすい素直な体なのだそうだ。確かにやめる時も再開する時も即座に反応が現れる。

私は入院してから再開した服薬によってすぐに元の元気な状態に戻ることができた。陽性症状を再発したわけではなく、断薬によって現れた不眠や食欲不振はいわば禁断症状的なものであって、薬を再び体内に取り込むことによってそれらは速やかに消失してくれた。

となるとどうなるか？　私は元気である。今いる所は2度目に入院したのと同じ病院。新しくて綺麗で快適な所。入院は3度目。もういい加減慣れている。いっそこの状況を楽しんでしまおうか。

退院請求という抵抗運動をしながらも、同時に今できることを精一杯楽しもう。3度目の正直ならぬ3度目の入院で、私はそんな境地に達することができた。

よくよく考えれば精神科への入院というのは病気の療養のためにするものであって、その環境はストレスの少ない快適なものだったということが今回初めて分かった。毎朝同じ時間に自動的に明かりがついて目が覚める。夜も毎日同じ時間に消灯するし食事の時間も一定だから生活リズムが乱れることがない。身の回りの世話はほぼ全てしてもらえる。自分は何もしなくても周辺環境が快適なまま維持される。

ありがたい。素直にそう思えた。これは恵まれた環境だ。正直楽しい。なんであんなに嫌がってたんだろう？

だけど入院を楽しめるというのはある限定条件があればこそだと私は思う。それは早期に退院できるという保証があること。それがあればこそいっそこの状況を楽しんでやるかという発想の転換ができるのだと思う。

私は入院を快適に楽しむためのコツみたいなものを、この時の入院で体得することができた。それははっきり言って大したことのないことで、考えてみれば当たり前のことばかりである。

其の一　職員の名前を覚えること

職員も人間であるのだから、「看護師さん」などと呼ばれるよりも名前で呼ばれた方が気分がいいはずである。なかなか向こうから名乗ってくれる職員が少ないのが現実ではあるが、尋ねて教えてもらえないことはまずない。空で覚えるのはやはり大変なので、メモ帳にその人の特徴と一緒に名前を書く癖をつけるのが良いと思う。

其の二　身だしなみを整えること

入院中は髭剃りが億劫になったり服装に無頓着になったりなりがちだがそれは良くない。身だしなみをしっかり整えることで健康的な心持ちになることができる。自分は今入院してはいるが、人間そのものが荒廃してしまったわけではなく社会人としての体面を保っている。鏡を見るたびにそう思えること。外見というのは意外に大事である。

其の三「退院したら……しよう」ではなく出来るだけ入院中にやりたいことをやること

入院中はもちろん数々の制約が課されるのであるが、実は本当に不可能なことというのは意外に少ない。やりたいことがあれば気軽に職員に相談してみることだろう。その患者限定での許可がおりることもあるので何事も諦めないことである。

で、私が何をやっていたかというと、テキストとノートと辞書を持ち込んで一日中英語の勉強をしていた。これが実に上手くはまった。デイケアで同じことをしようとするといつも誰かに話しかけられていたのであるが、精神科入院病棟というのは本当に誰も話しかけて来ない。お互いに干渉をしないような阿吽の空気が流れている。そしてもう一つ良かったのがあらぬ誘惑がないということ。自宅の自室だと勉強がどうしても捗らないのは私だけではないだろう。入院というのは勉強するにはものすごく良い環境だと言える。図書館の自習室より良い。適度な環境音があること（つまり完全な静寂にはならないこと）がより一層集中力を高める。

気分良く時間を過ごせるとなると全てがうまく回り出す。食事が美味しい。お菓子が美味しい。タバコが美味い。たまに音楽を聴くと超楽しい。他患者との会話が楽しい。看護師たちとの会話も楽しい。テレビが面白い。

1度目と2度目はあれだけ嫌だった入院生活が、3度目では180度転換して良いことしか感じなくなっていた。

だけど私みたいなのはすごく恵まれた患者であって、この「入院生活は快適で楽しい！」という話を一般化することはできないと思う。

この3度目の入院では私はとても「浮いている」患者だっただろう。まず服装がしゃきっとしている。入院患者は何をするにも動きやすいジャージのような服を着ていることが多いのだが、私はシャツにスリムなコットンパンツというスタイル。１日のほぼ全てをデイルームで英語の勉強をして過ごし、たまにタバコを吸いに行く。

他の患者はというと、やはり大変そうな人が多い。病状そのものがすぐれない人もいるし、入院生活の制約にうんざりしている人もいる。何せ期間が半端ない。１年、５年、10年以上？　もう一生出られないと諦めている人もいる。

日々を穏やかに過ごしてくれれば退院も少しは近づくのだが、何せ体調そのものが悪い上に我慢を強いられるとなると良からぬ反応が出てしまっても致し方ないと思う。入院を続けることによっていわゆる「キレやすい」状態になってしまう。そんな患者を何人も見てきた。

例えばこんな場面に遭遇したことがある。ナースステーション前で窓をノックしている患者A。応答がない。中に誰もいないのか。いや、いる。申し送り中なのか。いや違う。だけど応答がない。何度ノックしても応答がない。どうするか。我慢が……できなかった。窓ガラスが割れんばかりの力で殴るようにノックをする患者A。やっとナースたちが出てきた。目的達成か。いや違う。患者Aはナースたちに体を掴まれて奥の方に連れて行かれてしまった。

正式名称「保護室」。俗名「反省室」。彼は鍵のかかった個室でこれから数週間を過ごすことになるのだろう。

これははっきり気の毒だ、と私は思う。ナースステーションで無視されるということは私自身も経験がある。特に問い合わせの多い患者はこういう目に遭いやすい。何か要望があっても我慢すること。無視されても我慢すること。それができれば保護室行きの罪科だけは免れられる。

一部の医師や看護師は、患者が入院生活を我慢しながら平穏無事に過ごせるかどうかを退院の条件としていると公言していたりする。それははっきり厳しいと私は思う。そもそも調子が悪いから入院しているのであって、その患者に強いるのが我慢だというのは本末転倒だろう。ストレスの少ない環境で患者の回復を手助けするというのが本来の入院のあり方のはずだ。

私は3度目の入院で初めて入院生活の快適さを感じ、他の患者たちとの温度差も感じた。すぐに退院できるという保証がある。楽しさを感じている。何一つ困っていない。体制側と上手くやるというのはこういうことなのかと分かった感じがした。

だったら嫌がっている服薬も合法的にやめる道を探そう。今までは誰にも内緒で断薬を決行していたのだがそれがうまくいかないことは嫌という程思い知らされた。ならば主治医と協議を重ねてお互いに納得した上で薬の処方を徐々に減らしていく。そんな当たり前すぎる結論にやっとのことでたどり着くことができた。そう思えるようになったのも快適な入院生活を経験したからこそだろう。闇雲に闘うことに意味はない。絶対的な力には逆らわずにうまく振る舞う。諦念と打算と妥協。退院時にそれらを持ち帰ることができた。

3・5. 減薬交渉

減薬交渉は、思いのほかすんなりと進んだ。最初は400㎎だったものが375㎎、350㎎、325㎎、300㎎と約1年で4分の3にまで減量できた。体調はやはりすこぶる良い。体が軽くなったような感じがした。世界が明るくなった。何もかもが美しい。やったぜ！　私は有頂天になっていた。しかし、好事魔多し。良いことは長続きしない。今から振り返るとこの薬の減らし方は急激過ぎたのだと思う。望んだのは私なので、悪いのは私である。主治医ははっきり悪くない。

　再発した。この時の症状は自分でも説明しづらい。自分で自分がコントロールできない。勝手に体が動く。勝手に言葉が口をつく。作為体験と言うらしい。恐ろしい。自分の意思と裏腹に行動してしまうというのは人間としての前提が崩れてしまうことだ。

診察室に両親と一緒に入る。大勢の医療従事者が待ち構えている。何回目だろう？　もういい加減飽き飽きしている。何か言わなきゃ！　だけど……しゃべれない。

首を縦に振ることしかできない。苦しい。早く楽にしてくれ！　今の自分に必要なもの、なんだ？

なんだ？　なんだ？　なんだ？

そうだよ。

薬だよ！

だけどしゃべれない。

父と主治医とで話をしている。内容は全く頭に入らない。

主治医が私に向かって切り出す。「薬はちゃんと飲んでいますか？」

飲んでる！　今回はちゃんと処方通りに飲んでる！　だけどしゃべれない。首を縦に振りまくる。はいはいはいはいはい。

「じゃあ、一時的に量を増やしましょう」。

そうそうそれでいい。お願いします。（心の声）

「300mgから600mgに増やします」。

馬鹿野郎、2倍は増やしすぎだ！　やっぱりこの医者は薬の量が多いな。（心の声）

「600mgは……」やっとしゃべれた！　だけど次がでない。600mgは怖いです、と言いたい。怖いです。怖いです。と必死に口を動かす。私の主治医は残念ながら読唇術を習得していなかったようで全く伝わらない。らちがあかない。どうしよう？

えっ？　また体が勝手に動き出した。看護師に向かって突進していく。えっ？　えっ？　なんで？　取り押さえられた。なぜか優しさを感じる。抱き締められた、という感覚に近い。早く楽にしてくれ！「大丈夫だ！」そう言われたような気がした。

私の望みは叶えられた。いつのまにか精神医療と相思相愛の関係になっていたようだ。

4．4度目の入院（最高で最後の入院で年貢を納める）

デイルームに静かにいすわる私。テーブルの上には英語のテキストと辞書とノート。ただ粛々と勉強をしている。物凄く集中できる。装いはスタイリッシュに。髭は綺麗に剃られ、頭髪も整っている。

居心地がいい。もうこのままずっとここにいようか？

いやいや、ダメでしょう！

夢を見ながらなぜか泣いていた。幼少期のことが走馬灯のように頭を駆け巡る。父と母と祖母と兄と私と５人で小さくて真っ赤なスズキアルトに乗っているところ。狭い車内にギュウギュウで、だけど楽しかった。母は私によく勉強を教えてくれた。元教師のくせに教えるのが下手くそで、兄が説明をかわってくれるといつもすんなりと理解できた。遠足の時にはいつも私の好きなものを作ってくれた。今でも私の好きな食べ物ばかり買ってくる。そればっかりで飽きてしまうんだけど。父はいつでも泰然としていて、不平不満一つ言わず働き続けてくれた。無口な人だけど、たまに言う冗談がたまらなく面白かった。

思えばいつの入院でも面会は常に週３回だった。正直鬱陶しいと感じたこともあったけど、それは物凄くありがたいことだったと思えるようになった。

病院の中で感謝の気持ちが溢れ出てくる。かつてはあんなに嫌だった精神科病院の中で。

もうやめよう、と思った。同じことをもう繰り返してはいけない、そう思った。

薬のことは、もうどうでもよくなった。副作用？　もういい。今できることを精一杯やればそれでいい。

出した結論が、作業所に通うこと。作業所ならば、希望すればすぐに通い始めることができる。

まさに今すぐにできることだ。

退院する時の薬の量は６００mg。シャバで飲む量としては今までで最大だが、もうそれがどうしたとしか思わなくなっていた。

5．退院ではなく卒院?!

と言うわけで私は精神科への計４回の入院を経て作業所で働くようになった。飲んでいる薬の量はそれなりに多いのだが、全く気にならない。仕事をする上でなんの支障も感じない。

薬の副作用にしても入院にしても思い込みの要素が強いと思う。嫌と思うから嫌になる。

どちらもしこたま経験した今、本気でこう思う。

胸を張って薬を飲み、胸を張って入院すればいい。

入院することはもう多分ないとは思うのだが、もしそうなったとしても何も怖くはない。そう思えるようになった。

医療で入院で傷ついたことは確かにある。だけどそこから逆襲するだけの強さをみんな持っている。能天気にそう信じたいと思う。

ブランド物に身を固めて作業所の春を謳歌する37歳の男。人呼んで「自己肯定感のかたまり」。あの時のお気楽学生に、私は戻ることができた。

第４章を受けて

精神医療の在り方が家族への暴力とどうしてつながるのかと、疑問に思った人もいるだろう。その大きな要因が医療保護入院（精神保健福祉法第33条）という入院形態である。精神保健指定医という資格をもった精神科医の医学的判断と、（基本的には）家族の同意があったときに成立する入院形態であり、強制入院の一種である。つまり、強制入院をする際、家族にある種の責任が課される。当事者が病院に行くまでのプロセスや、入院してからの治療や生活に満足するならば、何も問題は起こらないかもしれない。しかし、現実的には、当事者が傷つくことが多い。だから家族が「なんで入院させたんだ」と恨まれる。入院までのアクセスと、入院後の医療に問題がある。そして、入院ありきの地域医療にもその責任がある。在宅医療が充実していれば、そもそも入院しなくても済む。当事者も傷つくことなく、家族が恨まれることもないはずだ。

堀合研二郎さんの文章は、入院の負の側面に焦点が当てられていない。文章を通して、病気の否認から受容という当事者の葛藤、陽性症状からくる母親への暴力（未遂）、入院生活、多剤大量処方、薬の副作用など色々なことを具体的に知ることができる。また、周囲にいた長期入院の当事者、暴力をふるった当事者が入れられていた保護室、俗名「反省室」のことなども書かれている。最後には、精神医療と相思相愛の関係？になって、家族に感謝の気持ちが語られている。

研二郎さんの私の印象は、「ホスト」。ＹＰＳでは、接待係だと思う。女性を喜ばせる、口から出まかせとも思えるような褒め言葉。ある時、発病前にキャバクラで働いたことがあると知った。やっぱり！　自分の勘が当たって嬉しい。夜の仕事がピッタリの人だ。精神障がい当事者とひとくくりには決してできない。色々な当事者がいることを知った。独創的で、怖いもの知らずという印象がある。仕事ぶりは真面目。

［蔭山正子］

コラム▼拭えない医療不信

山田潤▼

私事、自覚症状は４歳の時既にあったが、発達障がいと診断され障害者手帳を手にした頃には45歳。その長さが故、健診センターをはじめ医療機関全般における精神疾患に対する知見の無さや、目前の患者に向き合わない精神科医の姿勢に、私は根強い不信感を拭えない。多くの自閉症当事者も語る、いじめを受けた体験談等については、ここでは割愛したい。

健康状態良好という実感が無く、私は人間ドックも何度か受診した。当時の検査官は、日進月歩の測定機器やデータ処理ツールに頼る一方、私は「異常は見当たらない」とされ、これと言った指摘や生活指導を受ける機会は無かった。これまで私は、精神障がい者に支給される自立支援医療受給者証の有無をスタッフから確認を受けた経験もないし、問診にて自閉症の話を持ち込んだところで「それならこうすれば」と指南して貰えた経験もない。このため、問診票に示された疲れ易さ等の自覚症状を踏まえ、検診センターの医師が自覚症状の原因を精神障がいに伴う生きづらさなのか確認しないまま、異常所見有無をどう判断するのかが、私には疑問である。私の巣立った一貫教育校でも、精神疾患が疑われる生徒の件で奔走する、熱意ある校医等は見当たらなかった。

私は幼少期以来ほぼ一貫した家庭不和、学業不振、更には就職困難、これらすべてが解決するどころか顕在化していった。そんな生活状況が続く中、私は43歳のとき、ＡＱ検査[9]の存在を知り、これを試してみた。その結果、私自身極めて自閉症傾向の高いことが判明した。当時、年齢相応に身の回りのことをこなせない息子の世話を誰がすべきか目途が見えないまま、私の妻が家出を繰り返していた。私は事あるごとに駆け込んだ、児童相談所にも母子寡婦福祉センターにも取り合ってもらえなかった。私は辛うじて時間をやり繰りし、大手精神科病院の門戸を叩き、そこでＷＡＩＳ-Ⅲ[10]やロールシャッハ[11]を行った。いずれもＩＴ技術者の言うブラックボックス検査であり、脳内処理自体を検査できる代物ではない。私は当時、処理能力が人間の

(9)　ＡＱとは、Autism-Spectrum Quotient の頭文字で、自閉症スペクトラム指数を指す。自閉症の症状を特徴づける内容についての質問項目に回答することで臨床的スクリーニングができる。

(10)　ＷＡＩＳとは、Wechsler Adult Intelligence Scale の頭文字で、ウェクスラー成人知能検査のことである。言語性ＩＱと動作性ＩＱを測定することができ、得意不得意を把握することで実践場面に応用できる。

(11)　ロールシャッハ：ロールシャッハ・テストのこと。ロールシャッハ・テストとは、個人の人格像を浮き彫りにする人格診断技法の一つであり、インクのしみで偶然にできた図版を用いる。

頭脳を上回りつつある集積回路やそのソフトウェアの開発を担当していた。それだけに、検査官の手垢で赤茶けた絵本が余計に前近代的で怪しく見えた。

ただ単に良い学校から良い会社へ、というのがすべてという価値観の持ち主の親を抱えた末、現実に私自身の生活が破綻している。この私の人生最大の挫折は、今も親族一同省みられておらず、また新たな破綻を生んでいる。仮に私が理解のある家族に囲まれていたとしたら、当時独りで精神科に駆け込む衝動にも駆られなかったに違いない。

さて、ここから診断を頂きサポートを受け得る状態になるまでのハードルが極めて高く、精神科医に対する不信感は決定的なものとなった。私は「これからどのように生活すれば良いか、そのデータを出した上で指南して欲しい」と頼んだが、先方は本人への告知に関する問題を理由に開示を拒んだ上、プライド高く関係修復が絶望的なまま後期高齢者となった両親を連れて来るよう要求してきた。なぜ精神科というのは、家族の協力が得られない患者に絶望感を抱かせることを省みないのだろうか。「自分の障がいが認められるには、今から自分が医者になるのが早道では」と何度考えたかわからない。私はアウトリーチという制度を最近知ったが、現に居場所を見いだせず駆け込んできた目前の患者の処遇が後回しになるとしたら本末転倒だろう。私はここからも堂々巡りのため精神科医とも心通う関係を構築できず、障害者手帳もなかなか取得できなかった。

後年私はデイケア等に出入りするようになったが、私はそこの先住民とも馴染めないという自覚が、日に日に強まった。私から見て、彼らは、若くしてわがままを受け入れられた「恵まれた」集団であり、二次障がいの差は埋まらない。私は治癒しないままその後ピア職員となったが、「日本医師会会長が牧畜業と揶揄した施設で、快適さを追求すると、生活能力を殺がれる」という認識の有無を利用者から把握することは、依然困難だ。

「拭えない医療不信」を受けて

私が家族への暴力の問題に取り組み、報道や講演会で発信すると、発達障がいの方から家庭内暴力について相談されることがあり、暴力は発達障がいや高次脳機能障害でも起きやすい問題だと知った。暴力は、脳機能と関連があるので当然である。また、統合失調症と診断されていた方が最近になって発達障がいを合併していると言われた。そういう話を家族会のご家族から聞くことは珍しくない。発達障がいは、精神障がい者家族会にとって馴染みのある障がいである。

山田さんは、純粋な自閉症のようだが、診断されないまま40歳を迎え、家庭不和、就労困難が顕在化する理由がわからず、悩まれた。診断を受け、そこから福祉サービスを利用できるまでにも更にご苦労をされた。早期診断、早期治療が進むことを期待する。山田さんは、多くの資格をもっている。非常に勉強熱心な努力家であり、尊敬している。努力は必ず報われると思う。

［蔭山正子］

第5章　地域社会での生きづらさ

相沢隆司

「相沢隆司」はペンネームです。本名を明かせないのは、母が嫌がるからです。なぜ嫌がるのかは本文を読んでいただければ分かって下さると思います。

私は小さい頃からエンジニアになりたく思っていました。高校時代に統合失調症を発症したものの治療せず、理系の大学に進み、ダウンしてしまいました。そこで相性の良い精神科医に恵まれ、症状は安定しました。振り返るとひきこもりの時期があったり、職を転々とした時期もありました。病状が安定して精神保健福祉士の資格を取り、当時で言う「作業所」のスタッフとなり、翌年、生活支援センターのスタッフにもなりました。二股をかけて精神保健福祉の分野で働いております。

エンジニアを目指していた自分が対人援助職に就くとは夢にも思いませんでした。

地域社会とそこでの世間体[12]は切っても切れない関係にあると言えるでしょう。統合失調症になった私は地域社会における世間体のために生きづらさを抱えておりました。なぜ私は「世間体」を気にしていたのか、なぜ「世間体」が生きづらさや親への暴力につながるのかを体験談と共に分析してみたいと思います。

1. 非常に世間体を気にする両親に育てられた

父の兄弟が言っていましたが、父はサラリーマンとしてはいわゆるエリートコースを歩んでいる人だったそうです。非常にプライドが高かったので、私にもその高いプライドを押し付けました。具体的に言うと、私が小学校4年生になると中学校の数学を学ばされました。そんな父に対して私は抵抗できませんでした。なぜかというと、父は言うことを聞かなかったり、テストでちょっとでも悪い点を取ると烈火のごとく怒る人だったからです。

(12) 世間体とは、世間の人に対する体面、みえを意味する（『広辞苑』第六版）。世間とは、身内や仲間うちほど近しい存在ではなく、他人ほど遠い存在でもなく、両者の中間体にあって私たちの行動のよりどころとなる「準拠集団」（個人が意思決定をしたり評価したりする場合などに拠り所とする集団）とされる（早川洋行「世間意識論――「世間」意識から見た現代日本」『滋賀大学教育学部紀要』45、47－58頁、1995）。

一方、母は神道を信心しており、教会長の娘だったそうです。母の口癖は「辛いこと、困ったことがあったら神に祈りなさい。必ず守ってくれるわよ」というものでした。それを信じて小学生の私はひたすら祈りました。「どうか、算数のテストが１００点でありますように」と、父に怒られるのが怖くて、お祈りをしていました。

私は帝王切開で生まれたのですが、当時そのことを母は教会の人にひた隠しにしたそうです。なぜなら当時、帝王切開は恥ずかしいこと、という偏見があったので教会長の娘が帝王切開をしたとは言えない雰囲気だったそうです。教会内での世間体を気にしてのエピソードです。

また、母も教育熱心で、私が幼稚園の時から母から英語を習いました。父と同じく、テストで悪い点を取ると、「みんなから、お馬鹿さんと呼ばれるわよ」と脅されました。こういう両親でしたから私も非常に世間体を気にする人間になりました。

中学生になると、父の教育熱は更に強まり、私がくつろぐことを許さなくなりました。父が会社から帰ると、私はサッと勉強机に向かい、勉強をしているふりをしましたが、こんなことを繰り返す日々に嫌気がさしてきました。そこで、私は神に「父が早くあの世に行きますように」と毎日祈るようになってしまいました。

中学時代は友人にも恵まれたので、楽しい学校生活でした。ただし、父が帰宅するまでの間だけです。母は英語教室を始め、口コミで生徒数がドンドン増えていき、忙しくなっていきました。生徒が家に来るので、母は完璧なまでに家をきれいにしていました。生徒の目を気にしてのことでしょう。

高校は父としては辛うじて許されるところへ進学しました。高校時代の思い出と言えばひたすら勉強していたということしかありません。私はもともと勉強嫌いなのですがその原動力は両親から植え付けられた、良い成績をおさめないと恥ずかしいという世間体からです。

受かった大学は父に言わせると、まあまあの大学だそうです。父にとっては自分の納得できる大学に息子が入れたことでプライドが保たれたのでしょう。しかし、私にとっては本当に入りたい大学ではありませんでした。しかし、私の入りたい大学は父が納得しませんでした。きっと父としての世間体が許さなかったのだと思います。

2．精神疾患への偏見――親が悲しむ病気、頭が変な人、怖い人

統合失調症の前駆症状が高校2年の冬に出てきました。前駆症状とは統合失調症になる前、もしくはなりかけ、の症状です。私の場合、東京の予備校に通おうといつも通り電車に乗ると、意味もなく緊張し、人の視線が突き刺さるようになってきました。当時は自分としては特に問題に感じていませんでしたが、対人恐怖が出てきて、高校で私が相手の目を見ずに話すので、悪友から「おまえは挙動不審だ」と言われるようになってしまいました。確かに自覚はあり「挙動不審」は私に貼られた、そして自ら貼ったレッテルです。

大学生活は対人恐怖のせいで辛いものでした。大学1年生の時は成績が良くないと2年になる時

に希望する学科に入れないので、一生懸命勉強し、無事希望する学科に所属できたので嬉しい思いをしました。しかし、緊張だけでなく妄想も出てきて更に酷くなり、外に出るのも辛くなりました。歩く動作もぎこちなく、普通に歩くとはどういうものかさえ分からなくなるほどでした。そんな状態でしたので私はひきこもりがちになりました。その様子を見て両親は私を責めました。それに対してなぜ私はＳＯＳを発信できなかったのでしょうか。それは親子して持っていた精神疾患に対する偏見からです。親を悲しませたくない、という心理も働きました。「悲しませたくない」と考えること自体が精神疾患に対する偏見と言えるでしょう。

精神科への偏見があったので、精神科の門を叩こう、と考えられるようになるまでには長い時間がかかりました。今考えると前駆症状が出た段階で精神科にかかるべきでした。そうすれば生きづらさはもっと軽くて済んだと思うからです。当時の私の精神科へのイメージはとても悪いものでした。子どもの頃から、同級生がちょっとでもピントの外れた言動をすると、「精神病院行きだ」などと中学校のクラス中で笑いが起きました。私もその笑った張本人なのでした。担任の教師も笑っていました。

これは私の家独自のものでしょうか。現実には日本社会にそういう考えが蔓延していると思います。もし精神疾患に理解のある社会であれば私も偏見を抱くことはなかったでしょう。きっと苦しみは最小化できたと思います。

3. 統合失調症への偏見──末期がんを宣告されたように目の前が真っ暗に

私は自分が統合失調症であることを認めたくなくて、単なるノイローゼだからそのうち治る、と信じて疑いませんでした。そこで、ノイローゼを治すべく、大きな本屋の医学書売り場の精神科のコーナーで、精神医学の本を片っ端から読みしました。本を読み進めると、自分の状態が統合失調症にピタリと当てはまることばかりでしたが、私はそう思いたくなかったので、実際に精神科にかかって自分が統合失調症ではないことを証明させようと考えるようになりました。私の辛い症状は統合失調症ではなく、単なるノイローゼだと専門医に診断をしてもらいたくなりました。

やっと東京の大病院の精神科の門を叩きました。それ以前に精神科ってどんなことをするのだろうかなど、色々な不安が横切りました。いよいよ私の順番になって、診察を受けたものの、特に診断は下りませんでした。ただ、少量の薬が2週間分処方されただけです。私は、これでノイローゼが治るのだ、と勝手に信じて、2週間にわたって薬を飲みました。この段階では嬉しくて、これで今までの精神的苦痛から解放されると勘違いをしました。2週間の処方は向精神薬の効果の評価に必要な期間だからであることは後になって知りました。

医師の指示通り2週間薬を飲みましたが、なにも変わらなかったので、私は医師に文句を言いたくなりました。診察はただ薬が処方されるだけで、らちが明かないので、ある時医師に「私は統合失調症ですか?」と勇気を振り絞って聞いてみました。すると、「まあ、そうだね」との答えでした。私は末期がんを宣告されたような気分になりました。

これこそまさに内なる偏見です。当時の私は、統合失調症とは精神が錯乱し、やがて人格が崩壊する恐ろしい病気で、他人を傷つけることもある、と考えていました。そのため自分とは関係のない病気である、という偏見や誤解を抱いていましたので、いざ自分が統合失調症だと告げられると、そのショックは大変大きなもので、目の前が真っ暗になりました。自宅へ向かう電車のホームで、今度特急が来たら飛び込んでやろう、とさえ思いました。私は内なる偏見により自分で自分の首を絞めていたわけです。もし、統合失調症に関する正しい知識を身につけていて、差別意識が無かったらどんなに楽だっただろう、と思います。

4. 人目を気にするから日中家にひきこもる

大学3年の時、父が癌で亡くなりました。私は複雑な思いを抱きました。一生懸命家族のために働いて、命と引き換えに家を残したのです。父の生きがいは私の成長でありました。私が父の早死にを願っていたなど微塵も思わなかったでしょう。常に私に圧力をかけてきた父が死んだのです。誠に不謹慎ですが、嬉しさもありました。

父が亡くなったので、私は完全に大学の勉強をする気が無くなり不登校となりました。間もなく昼夜逆転の生活になってしまい、憂さ晴らしでお酒ばかり飲んでいましたので、体重がドンドン増えていきました。昼夜逆転の理由は、だいの大人の男性が日中の昼間から出歩いているのはおかしいと思われるのではないか、という世間体を気にしてのことです。

留年を繰り返したことで世間体が気にならなかったのか、ともし聞かれたら、それ以上に対人恐怖が強くて大学に通えなくて単位が取れなかったからだ、と答えたでしょう。

日中引きこもっていて、もっとも辛かったのが近隣住民の出す生活音でした。夕方頃に目を覚まし、トイレに行くと裏の家の人が自分の家の雨戸をバタンとしめるのです。また、テレビを観ようとスイッチを入れると、近所の人が窓をしめます。これらは皆私への嫌がらせだ、と本気で思っていました。また、道端で近所の人が何かをしゃべっている声が聞こえると、私の悪口を言っているのではないか、と怒りが湧いてきました。もう、近所の人なんか全員どこか遠くに行ってしまえばいいのに、と本気で憎みました。これらの考えは完全に統合失調症の「妄想」であり、正しく治療していればここまで苦しむことはなかったでしょう。

5．無職となった恥ずかしさと泣き崩れる母

私は、一応就職しましたが、会社で毎日怒られるので、出社拒否となりました。母は「とにかく行きなさい」の一点張りでした。母としても世間体が気になったのでしょう。一応電車に乗るものの、降りる駅を通過し、時間を潰しました。結局、そのまま退職となり、母は泣き崩れました。私

はもう出社しなくてもよいのだと思い、多少の嬉しさはありました。しかし、「完全無職」。こればかりは恥ずかしくて親戚にも言えませんでした。近所の人も毎日スーツで出かけていた人が急に出てこなくなったのはおかしいぞ、と思っているだろうなと自分で勝手に思って恥ずかしくて仕方がありませんでした。この恥ずかしさはまさに世間体から来るものでした。

仕事を辞めた後、リハビリテーションのために作業所への通所を始めました。夕方、作業所から帰ってくると、隣に住んでいるおじいさんから、「ずいぶん早いお帰りだね」と言われ、「ええ、まあ」とごまかすように返事をしました。それ以来、ファミリーレストランでドリンクバーを頼んで、18時まで時間を潰すようになりました。近所との関係も結構面倒なものだと感じました。

同じような経験を宿泊訓練施設の利用者さんから聞いたことがあります。その人の母親は「ご近所さんの手前、恥ずかしいから平日の朝7時から夜8時まで時間を潰して家にいないでくれ」と言われたそうです。統合失調症にはしっかりとした休息が必要なのに、これでは治るものも治りません。その人は完全に親の抱く世間体の犠牲者と言えるでしょう。

6. 子どもよりも世間体を大事にする親への反発としての暴力

ひきこもっていると有り余ったエネルギーのはけ口が欲しくなるものです。当事者の仲間と話していると、ひきこもっている間に家族に夜中に大声を出したという話を時々聞きます。ある人は、母親から「そんなことやっちゃうと家にいられなくなっちゃう」と言われ、自分の息子が大切なのか、家のことが大切なのかどっちなのかと思ったそうです。私も、世間体を大事にする母に暴力を向けたことがありました。

私の部屋には大きな仏壇がありました。ある日、以前から安定感が悪くて困っていた仏具をいつものように整えていたところ、あるまじきことに倒してしまいました。「しまった！」と思ったと同時に感情的にイラっと来て、それが起爆剤となって、次々と手で仏具を壁に投げつけ始めてしまいました。その快感たるや人生最高の感覚でした。実に気分が良いので、今度は仏壇に蹴りを入れました。すると見事に仏壇の側面に穴が開きました。物心ついたころから絶対的存在だった神仏に関するものがこんなにも脆いものなのか、と思うと、今まで恐る恐る触れていたのに「何だこんなもの」という気持ちになりました。核爆弾が炸裂したように仏壇を破壊しつくしました。手や足からは血が溢れましたが、痛くもなんともありませんでした。痛かったかもしれませんが、むしろその感覚が快感でした。とにかく破壊できるだけ破壊して、父の象徴である仏壇は、みごとに粉砕されました。が、まだ気が納まらないので、木くずを踏みつけ、足の裏も血だらけになりました。血が出れば出るほど快感でした。これでやっと初めて私の中の父が死んだのでした。

木を骨でたたき割る音はさすがに家中に響いたのでしょう、母が私の顔を一瞬見た後、位牌を探し出しました。最大の失敗は父の位牌をたたき割ることを忘れたことでしたが、さすがに心身ともに疲れたので諦めました。さぞかし母は怒るだろうと思っていましたが、私には目もくれず古新聞を持ってきて無言で木くずを拾い始めました。

母のその後ろ姿を見て、私としては母には怒って欲しく思いました。叱ってくれれば後悔できると思ったからです。この無言は私に圧力を加えました。母はそういうやり方をする人でした。前述のように、私は何より神仏を尊重するよう育てられたので、神道では礼拝の仕方、仏教では様々なお経や真言を空で言えるようしつけられました。テーブルマナーにも厳しくて、私が何をするにつけても注意をしてきました。

そういう母がまったく怒りの言葉を発しないのは気味が悪く、怒っているなら言葉にして欲しかったのです。私は苛立ちを覚えるようになりました。

その苛立ちは怒りとなって夜になって爆発しました。出力８００ｗのスーパーウーハーが歪むほどの重低音と、自分でも耳が痛くなるほどの大音量の洋楽の曲を流しました。母が血相を変えて私の部屋へやってきました。

「ご近所の方が驚いているわよ！」

「うるせー！」

「音を止めなさい！」

「黙れ！」

「私たちここに住めなくなるわよ！」

「それがどうした！」

「止めなさい！　止めなさい!!」

「あっちへ行け！　そうしないと、もっとボリュームを上げるぞ！」

「いい加減にしなさい!!」

母は私にいくら言ってもダメだと思ったのでしょう、母はトイレへ駆け込んだようです。

「俺の勝ちだ」

そう思った私は爆音を止めました。

「勝った！　俺の勝利だ。もう母に従うことなどないんだ！　何が神だ。何が仏だ。ざまあみろ。何でも言うことを聞くと思ったら大間違いだぞ。架空のものを信じ、それを俺に押し付け続けた罰だ。思い知れ！　殺されないだけマシだと思え！　世間体の方が大事なら俺を殺せ！　刺し違えで死のうではないか！　人の目ばかり気にしやがって！　俺がこんなになったのはお前のせいだ！絶対にゆるさないからな！」

興奮が冷めると、眠気に襲われ、熟睡しました。そして何事もなかったかのような朝を迎えました。

私はと言えば良心の呵責のかけらもありませんでした。母の心中は想像だに出来なかった、というより母などどうでもよかったのです。

7．社会から受ける屈辱的な扱いとそれに抗議できない当事者

私たちは、社会に出ると様々な屈辱的扱いを受けます。精神科通院歴があると言っただけで解雇

されたり、子どもはつくってはいけないと言われたり、精神障がい者は事件を起こすと思われたり、病気だけを見て人間性を見てもらえなかったりします。あげると切りがありません。そのような屈辱的扱いを受けたとしても、社会性に乏しく、コミュニケーションが苦手な人が多いため、その場で反論できないことが多いと思います。そのような社会でのやり場のない不満を家に帰ってから、親に甘えて暴力という形で発散してしまうこともあります。

例えば、私が住んでいる市では福祉特別乗車券（パス券）というものがあります。ある日、ネットサーフィンをしていたところ、そのパス券についてQ＆Aサイトで市民が書いたと思われる、意地悪な「質問」を発見しました。パス券とは高齢の人や障がいのある人が持てて、地下鉄の改札の係員やバスの運転手に見せることで、無料で乗車できる券のことです。質問は「パス券を使う障がい者はなんでドヤ顔で改札を通るのでしょうか?」というものです。ドヤ顔で、とは堂々と当たり前のように、という意味で使います。私は嫌な書き込みを見てしまった、と悲しい気持ちになりました。パス券を利用する時、卑屈に感じる時期がしばらく続きました。初めてパス券を利用した時は大変緊張し、周囲の目が気になりましたが、徐々に緊張しないで利用できるようになったのに、この書き込みを見て、一時期ですが緊張が再発しました。私だって通常の自動改札を通りたいです。しかしパス券を持っていることで通勤手当が出ないので、仕方なくパス券を使っているのです。この書き込みは社会的偏見と言わざるをえないと思います。

他にも、実際に私が受けた屈辱的な扱いがあります。私は地元を走るモノレールを時々利用します。悲しいことにそこの改札で私は屈辱的な差別を受けました。そこで人権擁護委員のYさんに相談したところ、まずは事実関係をはっきりさせなければいけない、ということでモノレール会社の担当者にその旨連絡をとり、直接会うことになりました。Yさんと共に話し合いの場が設けられましたが、会社側は「差別などしていない」の一点張りでした。Yさんは「はいそうですか」で終わる問題ではないと怒り、もっとその場にいた人間を追及しなさい、と叱咤しました。すると会社側はもう一度現場の人間からヒアリングをする、と約束しました。しかし、「ヒアリングの結果、差別行為はなかった」と主張を変えなかったので、Yさんは差別の生まれる背景、人権などの話を会社の担当者にしました。Yさんの話が終わると、その担当者は「では、これで解決ということでよろしいでしょうか」と間抜けなことを言うので、Yさんも私も腹が立つ、というか脱力してしまいました。そこでYさんは「これで解決ではない！　これからの従業員の変化を見ることにする」と言ったところ、その担当者はごちゃごちゃ言った後帰っていきました。それ以降、モノレール会社からは何の音沙汰もなくなりました。結局、モノレールは何の変化もなく運営されています。

私の両親は「世間体」を何より重んじるので、自然と私の基本的な考え方が「世間体」を常に意識するようになってしまいました。それゆえの生きづらさの責任を両親に押し付けていましたが、以下に述べることから私は「世間体」をあまり気にしなくなり楽になりました。

8．相性の良い地元の精神科医との出会いと正しい服薬

大学生だったある日、教授から電話があり、「このままでは研究室に所属できないから、退学になってしまう。何とかして単位をとってくれ」と言われました。休学と留年を繰り返してしのいできたものの、いよいよタイムリミットとなってしまいました。当時、東京の大きな病院の精神科へはしっかり通っていませんでした。だいたい2週間分の薬の量で4週間ごとぐらいにしか通っていませんでした（ちなみに、これは絶対やってはいけないことです。医師に病状をしっかり伝え、きちんと服薬することが統合失調症との付き合い方です）。

駅で、「あ〜、これからまた満員電車に乗って通院しなければならないのか」と憂鬱な気分で電車を待っていると、ある看板を発見し、隣の駅に精神科を標榜するクリニックが出来ることが分かりました。隣の駅までなら電車に乗れると思ったので、次回からそこに通うことにしました。

しかし、あまりにも近いので、近所の人に私が精神科のクリニックに通っていることがバレるのではないかと心配になりました。これも世間体ゆえです。しかし、嬉しかったのは、移った先のクリニックの主治医が「絶対に卒業させてあげるからね」と宣言して下さったことです。

その先生のお陰で何とか多少の外出はできるようになったので、大学の単位を取ることができ、卒業研究もできて、卒研の発表で合格となり、学位を得ること（卒業）ができました。主治医は統合失調症への向き合い方を教えて下さったのです。自分に合う薬を処方通りきちんと飲むことの大

切さを実感しました。遠くの大病院に無理をして行くより、小さくても地元の通いやすい病院にきちんと通院するほうが良い、と思いました。

9. 宿泊訓練施設という世間体が存在しない別世界

ある日、主治医から、一つ屋根の下で母親と二人きりでいるからストレスが溜まるのではないか、と聞かれました。私もそう思ったので、自立に向けた宿泊訓練施設へ入って母と離れて生活することになりました。

そこはまるで別世界でした。レクリエーションをしたり、スポーツをしたり、「ああ、こんな世界もあるんだな。なんて快適なのだろう」と今までの人生の中で一番の幸福を味わいました。同じ苦しみを持った人が集まっているので、世間体なんか存在しない世界でした。

「相談」というものも初めてしました。大げさかもしれませんが、私には自分の辛さを人に「相談」する、という概念自体がありませんでした。自分の辛さは自分で解決するものである、と考えていました。辛い時には我慢するのではなく、遠慮せず「助けて」とＳＯＳを発信しても良いのだ、ということを宿泊訓練施設で知りました。その後これは私に限ったものではなく、多くの当事者や家族がＳＯＳを発信していないことが分かりました。家族は自分たちだけの中でおさめておこう、と考えるようです。

10. 世間体を気にしない自由に満ちた世界——人生の主人公は自分

宿泊訓練施設を利用して、自由とはこのことを言うのだろうと感じました。私の自由を奪っていたのは、父からたたき込まれた大学差別、母から受けた、自分よりご近所さんの目を気にする考え方なのです。特に母は私が幼少の頃から「そんなことしたら笑われるわよ」「人様に迷惑がかかるわよ」と言い続けて教育をしてきました。学校でも「人に迷惑をかけないようにしなさい」と教育されています。

ただ、誤解してはいけないのは私が統合失調症になったのは親のせいではありません。統合失調症の発症の原因は育て方の問題ではないことはあまりにも有名です。しかし、いざ統合失調症になった時、家族がどう機能するかによって幸、不幸が決まるのではないでしょうか。当事者と家族のその後は世間体の捉え方次第で決まるのだと言えると思います。

さて、世間体とは何なのでしょう。世間体を気にしない世界は自由に満ちた世界です。もちろん、自由が過ぎると社会に混乱を招きます。その歯止めとなっているのが世間体と言えるかもしれません。人に迷惑をかけないようにする、ルールを守るなどの道徳心の一つが世間体と言うならば社会をより良くしようという原動力の一部でもあると思います。世間体の捉え方次第で、良い方にも悪い方にも進んでいくわけです。

子どもが精神科に入院した、となると、大抵の親のとる行動は、その事実を隠すことです。この点は特に日本において顕著なのではないか、と思います。東日本大震災では援助物資をもらうためにキチンと列を作って並ぶ様子が世界的に驚きをもって紹介されました。これを裏の側面から見ると、ちゃんと並ばないと周りの目が怖い、すなわち世間体が悪い、という意識が働いたのだと思います。

精神疾患になることは何ら恥ずかしいことではありません。そこでの世間体は排除すべき存在です。それなのに、当事者や家族が勝手に世間体を招いてしまうのです。これはみずから苦しみを作り出している行為と言えるのではないでしょうか。もし、親も世間体を気にしなければ、何より親自身も苦しくないし、本人との関係も良い方へ向かうはずです。親子して世間体を気にしていると、お互いどう行動すればよいのかが分からなくなって、ぎくしゃくした関係になりがちです。これは病状にも悪い要素を与えてしまいます。

私が統合失調症になって何が一番辛かったかと言えば、社会の私への目です。これからは堂々と近所の人や友人に「統合失調症になっちゃって」と言える社会にしなければなりません。

今でこそ私は世間一般に対して統合失調症などの精神障がいに対する差別、偏見をなくそうと活動をしていますが、当時は自分自身がそういう差別意識を持っていたわけですから、現在そのような意識を持っている世間の人を責めるのではなく、正しい知識を持ってもらえるように努力しなければならない、と感じます。世間と闘うのではなく、あくまでも世間に分かってもらう、理解してもらう活動をしていきたく思います。

精神疾患に罹ったからといって幸福の追求をあきらめてはいけないと思います。しかし、世間体を気にしてしまってみずから幸福の追求権を手放す当事者や家族が多いと感じます。人間だれしもが幸福になりたいと考えています。でも、そのために他人を犠牲にしてよいとは言えないでしょう。そこで適度な世間体は暴走の歯止め役となります。しかし、ここで気を付けるべき点は世間体そのものではなく、自分の生き方に対しどういう価値観を持っているかです。その価値観には世間体も含まれるかもしれませんが、あくまでも人生の主体は自分自身であることを忘れてはならないと思います。精神疾患にかかったり、家族がかかると、どうしてもそれを忘れてしまいがちなのです。自分が主人公であることを忘れないようにしなければいけないと思います。

紆余曲折を経て、精神保健福祉の分野に働く場を見つけ、そこで働いております。仕事をし続けることと、しっかりと服薬することが車の両輪となって私の病状は落ち着きました。

では、その後の親子関係がどのようになったかを二つ紹介します。

11．その後のエピソード①——怒らないだけに恐怖を感じる出来事

振り返ると、仏壇を破壊するなど酷いことをしたものです。きっとバチが当たるでしょう。さて、ある日、かつて私が家庭内において暴力をふるっていたことに対し、母に質問をしてみました。

私「仏壇を破壊した時はびっくりしたでしょう」

母「あの仏壇はちょっと大きすぎたわね」

私「お父さんは大柄だったから大きくてもいいんだよ。お母さんは仏壇の破片を集める時無言だったね。なにを考えてたの？」

母「お経をあげてたのよ」

私「びっくりしなかった？」

母「お薬のせいでしょ」

私「………」

母「あんたが小さい頃は本当に沢山の人から可愛がられたのよ」

私「仏壇を粉々にしたときは、本当に頭にきていたんだよ」

母「Ａさんや、Ｂさん。Ｃさんはあんたをお風呂に入れるのが上手だった」

私「でも、深夜に大音量を出した時はどう思った？」

母「お隣さんが来たからねぇ。……おばあちゃん（母の母）が亡くなる前、毎朝あんたの顔を見にベビーベッドに行ってたのよ。そうしたら、あんたが笑顔で何か話したがっていたらしいよ。おばあちゃん孝行はしたね」

私「……音の問題は精神疾患を持った人々専用のアパートでよく起きる問題なんだよ」

母「そういう人たち専用のアパートなんてあるの？」

私「あるよ。自立の自信がついたら、一般のアパートを借りたりする。あと、自宅に戻れる人は戻ってもらうのが原則だよ」

母「そういう人たちは専用のアパートに集めて住まわせるのがいいんじゃないの？　自宅に戻ったら、何にもならないじゃないの」

私「アメリカでは入院はせいぜい1週間で、すぐに自宅に戻るんだよ」

母「1週間？　短すぎて、家族は大変ね」

私「家族に負担のかからないような仕組みがあるんだけどね」

母「1週間じゃ、短すぎるわよ」

私「日本の方が異常なんだよ。アメリカではペットが死んで気分が落ち込んだ、という理由でも精神科にかかるんだよ」

母「そんなの、精神科にかかる理由にならないでしょう」

私「だから、日本のほうが異常なんだよ」

母「そうかしら」

この会話で私は、母は私に対しても世間体に相当するもの、体面を汚さないようにしているようだな、と思いました。我が子に対しても体面を汚すことを恐れるのだな、と感心してしまうほどであります。また、あくまでも我が子が精神病になったことを認めていないことが分かります。

12. その後のエピソード②――面子　一卵性親子

いとこが何かの用事でうちに来た時に外食をすることになりました。その際、私と母が手をつないで歩くので

いとこ「な～に～。手なんてつないで。仲良すぎだわ」

私「そう。デートしてるんだ（笑）」

いとこ「まるで一卵性親子だわ（笑）」

私と母（笑）（言っておきますが、私はマザコンではありません。）

もう私は街なかで母と手をつないでも恥ずかしい気持ちが湧いてきません。世間体を気にしていた頃では考えられないことです。そのころはなるべく離れて歩きたいくらいでした。

いつまでも思春期を続けてはいられません。母は手をつないでもらうと嬉しいそうです。私としてはせめてこれくらいはしないと、という気持ちです。

過去に散々母を困らせたり、悲しませたりしたからです。親としてはどんな子どもでも自慢の子だ、と考えるそうです。親の心子知らず、と言いますね。同時に、子の心親知らずでもあります。お互いにお互いを心配し合う構造となっているのです。時々、滑稽だなと思うことがあります。同じエネルギーを消費するなら、お互いではなく、自分のことにエネルギーの消費を考えていれば良

いのです。

しかし、これからは親は親自身の人生を歩んでいって欲しいと考えますが、母に聞くと、そんなことを言われても、今さらできるわけないじゃない、と言われてしまいました。私が精神疾患で苦しんでいる最中は、同時に親である私もずっと苦しんでいた、辛かった、と言われてしまいました。こうなると、親孝行を人生のテーマとするしかないです。これはポジティブな意味での親子関係の再出発かな、と思います。

苦しんでいた頃は親子関係を解消したいとさえ思っていたのに、本当に隔世の感です。

第5章を受けて

この章は、地域社会での生きづらさがどのように家族への暴力につながっているのかを書いている。キーワードは世間体である。世間体を気にすること、つまり、内なる偏見（セルフ・スティグマ）である。内なる偏見とは、一般社会の偏見（パブリック・スティグマ）を当事者（家族も含む）が受け入れて自分自身に取り入れてしまったものである。相沢さんの文章にも精神疾患への偏見、統合失調症への偏見が出てくる。そういった社会が精神障がい者に抱く偏見を自分もそうだと思ってしまうと、自分が恥ずかしいと思い、隠そうとする。相沢さんの親は、世間体を気にして生きているがゆえに、相沢さんの行動を縛ってしまった。それは親の愛情でもあったのだろう。しかし、長年息苦しく感じていた相沢さんは、反発して仏壇を壊したり、爆音を鳴らすといった暴力に出た。

誰も精神疾患を好きで患ったわけではない。「これからは堂々と近所の人や友人に『統合失調症になっちゃって』と言える社会にしなければなりません」「精神疾患に罹ったからといって幸福の追求をあきらめてはいけない」という相沢さんの考えに私も同感である。私も皆が幸福な人生を送れるように、自分ができることに取り組みたい。

［蔭山正子］

第III部　希望

第Ⅱ部では、家族になぜ暴力が向くのか、当事者の視点で書きました。現在では、本文やコラムを執筆した全員が、辛い過去の経験を乗り越え、自分なりの目標に向かって生きています。彼らは、「苦しいことは一生続くわけじゃない」と体験から話します。第Ⅲ部は、希望をもって生きてほしいという願いを込めて、第6章で当事者に、そして、第7章では家族、支援者、社会に向けてメッセージを送ります。

第6章は、様々な困難を抱えた精神障がい当事者が疾患や障がいとどう付き合い、困難を乗り越えて、生きているのか、リカバリーに焦点を当てます。リカバリーとは、1990年代に出現した概念であり、世界共通の、精神障がい者リハビリテーションの新たな目標概念となりました。精神疾患のある人のリカバリーとは、たとえ疾患による限界があっても満足のいく、希望のある、そして貢献する人生の生き方であり、精神疾患という衝撃的な影響を乗り越えて、新しい人生の意味や目的を見出す、そのプロセスです[13]。

第6章を担当するのは、根本俊史さんです。コラムでは前田梨夏さんと相沢隆司さんが登場します。リカバリーを促進する支援方法は変化しています。従来は、現状の回復度合いに沿ったステップアップをコツコツとする方法が一般的でした。最近では、最初にリカバリーゴールを掲げ、やりたい気持ちになったらタイミングを逃さずに支援する方法が支持されています。当事者のリカバリーの方法は、今後大きく変化するかもしれません。その時、重要な役割を担うのは、同じ当事者であるピアの存在であることは間違いないでしょう。

本書の最終章は、今後に向けての考察や提言です。著者代表で当事者である堀合悠一郎さん、前作著者で家族支援の研究者であり保健師である蔭山、福祉施設の施設長である福島さん、学校教員であり当事者である黒木さんの4名が登場します。それぞれの異なる立場から未来を見つめてメッセージを書きました。

この本は、メンバー間で何を伝えたいかを何度も話し合いました。そこから一つの結論が出たかと言えば、そうとも言えません。皆さんも、自分ならどう考えるか、どうしたら良いのか、考えを巡らせてもらいたいです。

［蔭山正子］

---

(13) Anthony, W. A. "Recovery from mental illness: The guiding vision of the mental health service system in the 1990s." *Psychiatr.Rehabil.J.* 16 (4) ; 11-23, 1993.

第6章　リカバリー

根本俊史

まずは自己紹介から。私の精神科の初診は28歳の時。自分ではテレパシーを感じていた気になっていたが、ある日の早朝、テレパシーに加えて死神が目の前に現れ、錯乱状態に陥った私は腰を抜かしたまま這いつくばりながら自分の部屋を出て階段から滑り落ちた。そこで母が助けに入り、兄が救急車を呼んでくれた。私は救急車が来るまで母に「ありがとう、蟻が十、……」とわけも分からず感動して涙を流しながら何度も叫んでいた。救急車で運ばれた先は数年前に父が亡くなった病院だった。しかも私に対応してくれた医師が父を看取った人だった。これは私も死ぬのだなと思ったが死ぬ恐怖よりも死に至る痛みの方が嫌だった。医師に「痛くしないでください」とお願いして

いた。採血をした後、CTを受けるまで技師が来るのを待っている間に私は落ちてしまい、陰性症状に突入し、CT、診察の後、精神科病院を紹介され初診に至っている。病名は統合失調症だった。

私は病気になってから家族に暴力をふるった記憶がない。もしかしたらどこかで言葉の暴力は経験しているかもしれないが、手を上げることは一度もなかった気がする。家族への暴力という点においては、経験不足な私だが、本作りのメンバーや友人の当事者の話を含めて、ここでリカバリーのことについて書きたいと思う。家族に暴力を振るってしまった当事者がリカバリーするために必要なことは何かということについて書く。

1．病識を持つこと

私は統合失調症という病気を斜から見ていた。2回目の受診の時、もうすでに普段と変わらない気分になっていたので、車を一人で運転して病院に行った。受診の時、先生に「どうですか？」と訊かれたのでテレパシーをまだ感じることを伝えたら薬が増えただけで終わった。そこで私はテレパシーを感じることを公言してはいけないこと、私にはテレパシーを扱う能力が弱いこと、テレパシーを上手く扱えない人は病人扱いになることを悟った。テレパシーとは私にとっては空気を読むことと同意語。しかし、やはり目の前にいない人、または携帯やパソコンでつながっていない状態の時に相手のことが分かると思うのはかなり違いがあるようだ。私はそれでテレパシーを諦めることにした。

しかし、まだ統合失調症で悩んでいる人の中には、テレパシーや空気が読めること、または勘が鋭いとかも入ると思うが、とにかく他人が思っていることを勝手に感じていると思うことで悩んでいる人は沢山いるのではないか。そういった方々のリカバリーはやはりまず病識を持つことが良いと思う。

2. 信用できる第三者の存在

そうは言っても病識を持つことはなかなか難しい。病識を持つということは健常者と病気にかかった人との違いを見つけないといけない。しかし、周りの健常者がテレパシーについて嘘をついていると思ってしまうと違いがあいまいになってしまう。周りの人たちが自分に対してだけ嘘をついていると思うと人間不信になり、ひきこもりになる原因にもなる。一度ひきこもりになると周りの健常者とはますます距離が離れてしまい、自分の考えが世の中の常識になっていく。親やきょうだいはあまりにも近すぎるし、幼い時から側にいるため、今更、言われても説得できるほど正しい意見とは思わない。逆にそれを信じる力があれば、病気が急性期に入る前に気付くだろう。だから第三者の言葉が大事になる。しかも信用できる第三者。そういう人はどこに居るのか。

その人を見つけける最初のチャンスはやはり入院した時ではないか。そこには同じ病気の人もいれば看護師という健常者もいる。周りを冷静に見ると騒いで錯乱状態に陥った人は保護室に入れられ、暴れてはいけないことを学び、また、看護師には薬をしっかりと飲むことを教わる。そこで普通の人の振る舞いを教えてもらう。とにかく、暴れることはNG。他傷でも自傷でも自分を含めて誰かを傷つけることはしてはいけないことを学ぶ良いチャンスである。それが分からないと保護室に連れて行かれてしまう。保護室は一人きりの世界である。外からの刺激はほとんどない。その中で一人考え続ける。何が有りで何が無しかを。信用できる第三者もその時に考えるのではないか。そして、入院時によく話していた相手が退院後も大事な友達となる。これもよくあることだ。その人たちと話をした経験が病識を認識することに一役買うことになる。ぶっ飛んでいる人は基本保護室に入っているので、一般の病棟は意外と常識を持っている人たちが集まっていたりする。そこで交わされる会話は、外とあまり変わりがない。そんな中で何が有りで何が無しか、時間は十分に有る。ゆっくり考えて行けばいい。

3. 規則正しい生活

入院では規則正しい生活のリズムも学ぶことができる。朝起きて三食食べて寝る。空いた時間にすることは本を読むことか、他の入院患者と話すことくらい。昼寝をするのも自由だし、プログラムを用意する病院もあるようだが、それで得ることよりもやはり他の入院患者と話すことが一番の財産になることが多いようである。規則正しい生活をしていても意外と余裕のある時間がそこにはある。その時間をどう利用するか。そんな繰り返しが退院後も大事になってくるのではないか。

4. デイケア

退院後、すぐに社会復帰できるかというとそれは難しい話である。社会参加や復学や就労だと私たちにとっては高すぎるハードルになってしまう。なぜなら病気になった環境がそこにはあるからだ。そこに戻るとまた同じことになるのではないかと心配が後を絶たない。そうなると入院の次のステップはデイケアになる。

デイケアに通うということは社会との接点が入院と比べてとても多くなる。自宅に住むことになるので地域の目とも闘わないといけなくなるし、自由に買い物するお金も無いので、かなり不自由さを感じることになる。当事者として地域の目には悩まされた人も多いのではないか。デイケアには普段着で通うのでサラリーマンのようなスーツは着ない。また、力仕事の格好とも違う。そして何より帰る時間が早い。周りの世間の目は厳しくそれを追及する。人によってはまた調子を崩して再入院ということもあるかもしれない。そうでなくても、帰る時間を調節したりすることは多くの人が経験しているのではないか。

5. 仲間と休める時間

私もそうだったが、素直に精神疾患にかかっていてデイケアに行っているとはとてもじゃないけど健常者には打ち明けられない。働いていないこと、普通でないということ、特に精神疾患にかかっているという事実を世間には知られたくないのは世間体を気にする日本人にとっては当たり前のこと。精神科に通っていることを素直に何のデメリットもなく話せたらどれだけ素晴らしい社会だろうか。早くそういう社会が来て欲しいものだ。

デイケアでは様々なプログラムが用意されている。外に出て運動やスポーツをしたりすることもあるし、野菜を育てたりもする。部屋の中ではＤＶＤを借りて鑑賞したり、料理を作ったりすることもある。習字やお絵描きもプログラムの定番だろう。デイケアは精神疾患の方にとってはとても居心地のいい場所。そこで少しずつ人との会話を勉強していく。デイケアに来る人は最初の頃、一人でいることが多い気がする。女性の場合は気を遣い過ぎて話しに参加し疲れてしまうことがあるようだが、男性は部屋の隅で一人になる。そこで、デイケアスタッフが話しかけてくれたりする。スタッフは話のプロのような方々。明るく元気に話しかけてくれる。その話を聞いているだけでも自分が明るい性格になったのではないかとさえ思うくらいだ。スタッフの周りに人が集まりだし、そこから段々と人の輪の中に入ることを始める。メンバーも辛い思いをしてきた人たちばかりなのでとてもやさしい人たちである。傷つくような冗談を言う人はほとんどいない。ある意味世間から外れた温室の中に居るようなもの。そこでゆっくりと傷ついた心を癒していく。

しかし、デイケアを一歩外に出ると厳しい世間が待っている。私がデイケアに通っていた時、ある程度仲良く話していた、旦那さんや子どもを持った女性の方が、自殺したという情報が入った。デイケアにいる時はいつも笑顔で話していたのに彼女に何が起こったのだろうか。人を責めることもできないし、自分を責めることもできない。もやもやした感情が長く続いたのを覚えている。自殺に至らないまでもリストカットや薬を一気に沢山飲むことなどをした人は私の周りには多くいる。デイケアでは明るく振る舞っていても自宅に帰るとデイケアでは見せない自分が出てきてしまうのだろう。当事者の内なる声はなかなか聴くことができない。デイケアでは責任が無くても自宅に帰ると立場や役割が待っている。上手く社会資源を使うことも大事だが、その情報が見つからないのも現状ではあることだ。亡くなった女性がヘルパーなどの何らかの社会資源を使っていて自宅でも休める時間があれば、もしかしたら今でも元気に生きていてくれたのではと思うとやり切れない。日本では当たり前のように自己責任を厳しく追及する文化があるが、それさえなければみんな楽しく暮らせるのにと思う。

6．疾病管理

デイケアに通っている時期にやっておきたいことは色々ある。疾病管理。その中の当事者研究というものは面白い取り組みだと思う。統合失調症の症状によくあるのが幻聴。当事者研究ではその幻聴の声一つひとつに名前を付ける。A君は今なになにを言ったとか、B君が今なになにを言っているとか、たまにその登場人物に話しかけたりもするようである。そうすると自分というものがはっきりとしてきて周りの幻聴に振り回されなくて済むという。幻聴のコントロールには色々あると思うが、幻聴に悩まされている人にとってはとても有効な手段である。また、当事者研究では自分の症状に自分で名前を付けるということもしているそうだ。例えば、「夜中になるとお菓子が食べたくなる症候群」とか、「頼まれたことがキャパを超えると寝込む病」。これを〝トライアル&エラー〟で対策を練っていくので、健常者の人でもできることで研究している人は余念がないとか。病名を変えることも自由なので楽しみながらやれる疾病管理である。

他に疾病管理ではIMRというものもある。初心者には、「今からみんなでリカバリー」と表現することもある。正式に日本語で訳すと「疾病管理とリカバリー」と言ったところか。これは支援者主導でプログラムが開始される。始めは、リカバリーって何だろうと、自由に各自が考えていく。支援者主導とは、テキスト（プリントの一部が丁寧に徐々に配付されていきます）が用意されていて、進められていく感覚。自由に各自が考える時間が十分にある。ある程度のことが決まったら、大きな目標（リカバリーゴール）やその中に小さな目標（スモールステップ）を立てる。目標に進んで行くための自分にとって必要な社会資源も同時に考える。社会資源とは、家族であったり、仲間や地域活動支援センター、相談できる信頼のある方、作業所など、支えとなる人や場所などを指す。小さな目標を少しずつクリアしていき、日々模索していく。過程（プロセス）を大事にし、プログラムの中で実践できたか、メンバーさん、スタッフさんと情報を共有していく。そこで、様々な意見を参考にしたり、自分の中で気付きがあったりする。そこで一旦立ち止まってスタッフさんに相談したり、または、自ら目標変更したい意思を伝え、方向性を変更することも可能である。臨機応変に対応し、そういう過程を楽観的に楽しむことが大切。プログラムは、何か月かにわたって行われるため、スタッフさんとメンバーさんとの距離の取り方も学習できる。前向きにプログラムに参加し、プログラムが一通り終わった時には、服薬しているのと同等の回復（リカバリー）の効果が現れることが多いという優れもののプログラムである。いつの間にか自分が服薬している薬の専門家になっていたりする。

今、注目されているものとしては元気回復行動プランのＷＲＡＰ（ラップ）とか、禅を取り入れたマインドフルネスとか、とにかくリカバリーにつながるものが沢山世の中に出回っている状態である。そういったものを活用してステップアップするための下地を作るのがとても大事なことだと思う。

7．障がい者の就労ステップ

病識を持ち、元気が出てくると、出かけたり、買い物をしたくなるのは人間の常である。しかし、出かけたり、買い物をするにはお金が必要。簡単に考えれば働けばいいのだが、まだ、体力が追い付かなかったり、働くには精神的に不安だったりする人のデイケアの次のステップとして地域活動支援センター（地活）があったり、就労継続支援B型事業所（B型）があったりする。

地活はデイケアと同じようにプログラムが中心で、たまに作業をして事業所に収入があった時に工賃としてみんなにお金を配分する場合があったり、プログラムはほとんど無くて作業中心で工賃を稼ぐのが目的の所があったりと様々である。それぞれの事業所に特徴がある。

B型は基本、作業をするところである。作業しただけ工賃がもらえる。しかし、雇用契約を結ぶわけではないので、最低賃金とは違って低い手当しかもらえない。インターネットで工賃全国平均と検索すればそれがいくらか分かるだろう。それでも、実家暮らしで障害年金ももらっている人だとその工賃で十分生活できる人もいる。そこである程度の社会貢献をすることもできる。地活やB型に通えるようになると家族の負担も軽くなり、また当事者も社会貢献ができるので生活がかなり上手く回り始める。自分に合った仕事量と話せる仲間、相談できるスタッフ、楽しさと厳しさを両方経験できるのでかなり居心地が良い所でもある。

しかし、地活やB型では満足できない人たちもいる。基本的に一人暮らしをしている人たちだ。工賃と年金ではなかなか生活費を工面することさえ大変である。更なる収入が必要になってくる。生活保護を受けている人でも生活保護を抜け出したいと言ってもっと実入りの良い仕事を見つけようとする。しかし、普通の一般就労はやはりまだ不安、自信がないという場合、就労移行支援事業所に通う人が現れる。ここに通える人たちはもうすでに暴力を振るう必要性を感じていない人がほとんどだろう。暴力を振るうなり、暴れるなりするとまた一からやり直さなければいけない。入院から。そこで体力と気力が奪われてしまったら大変だ。入院から就労移行支援事業所に通えるまでどのくらいの期間がかかっているのだろうか。個人差があるので数字にはできないが、かなりの時間がかかっているものと思われる。しかもここまで来てもまだ道半ばである。リカバリーの道はまだまだ続く。

就労移行支援事業所は2年間の期限付き。最近では株式会社も参戦している程の人気の事業だ。ここでは就労に必要な技術や知識を学ぶ。中には立ち居振る舞い方なども細かく指導するところがあるくらいだ。少し事業側の話をするとどこの企業に利用者を紹介できるかが良い事業所の分かれ目になるとかならないとか。私たち当事者としてはそれも大事だが、自信を付けることの方がもっと大事だ。ここを抜ければやっと就労が見えてくる。

就労継続支援A型事業所や一般就労である。どちらも雇用契約を結ぶことになる。ここで最低賃金が保障されることになる。ここでやっと自立できる人も現れるのではないだろうか。ここまでくるとやっと普通の人に負けないくらいになったと思うかもしれない。最低賃金の保障、ここが最終目標の人もいるだろう。いや、かなり多いはずだ。しかし、人生はまだまだのはず。後半分が残っている。それをどうやってリカバリーしていくかは人それぞれ自分自身で決めていくしかない。

8. 改めて自分を振り返ってみて

① 悶々とした日々

私の場合はその先にある結婚生活がリカバリー目標だった。そこまでの過程を話させてもらう。

現実、私の経験では入院がなかったので通院からはじまった。28歳のことだ。しかも2週間に1度だけ。その頃はまだ病院にデイケアができる前だった。ほぼ毎日、散歩する日々、昼の12時に起きてご飯を食べ、4時間程度の散歩道。帰るとテレビのニュースを見て、晩御飯は夕方6時。その後はテレビと読書三昧。そして深夜0時に眠りにつく。いつも12時間近く寝ていた気がする。とにかく眠くて仕方がなかった。意外とそれだけで1日は終わってしまう。散歩道といっても本屋と古本屋をめぐっているだけで、立ち読みをしているために4時間いつもかかっていた。とにかく昼間は本のことしか考えていない。ニュースを見て世間から外れないようにし、ドラマを観て将来を楽観視する。読書ではいろんな人の人生をのぞき見した。そう、私が読む本は小説だけだった。社会とのかかわりはほとんどなかった。月に1回程度友達に呼ばれてフットサルをやるくらい。後はなぜかピアノを習い始めた。「将来どうするの」と訊かれたら「ピアノの演奏者になる」と答えていた。ピアノは月2回習いに行くだけ。自分ではひきこもっていた感覚は無かったが広義ではひきこもりだったかもしれない。とにかく読書のスピードとドラマのスピードが私の人生のスピードだった。そんな私でも将来は結婚することを望んでいた。よく母親に見合い相手を見つけてきてとお願いしていた。

通院して1年が経過した頃、病院にデイケアができた。何のためらいもなくそこに通うことになる。しかも週に1日だけ。ほとんど社会参加と言えないほどの回数だ。なので生活リズムもほとんど変わらなかった。デイケアの日だけ早起きをする。なぜ、頑なにデイケアを週に1日だけにしたのか。それなりに1日が楽しかった気がする。読書とドラマ鑑賞だけで十分楽しい人生を送れるのだ。人はそれほど多くのことは要らないのかもしれない。

しばらくするとデイケアで友達ができた。その人を仲介にして色んな人と話すようになった。それまではスタッフとしか話さず、昼寝ばかりしていた。それからは友達とは食事に行ったり、カラオケに行ったりするようになる。他にも仕事を見据えて体力づくりのためにジムにも通い始めた。それでだいぶ忙しくなる。週に1日のデイケアと週に3日のジム通い、2週間に1度の診察とピアノレッスン、ピアノの練習は毎日1時間していた、それプラス友達付き合い。暇な日は相変わらず散歩もしていた。かなり活動的になってきた。デイケア2年目には、もうそろそろ働くことと決めていた。考え過ぎるという時間はもうなかった。

② 就労

年が明けると主治医に病気が治ったのではないかと訊いてみた。症状が全くと言っていいほど出ていなかったからだ。合わせて就職活動の話もする。しかし、主治医からは意外な言葉が返ってきた。通院は止めない方が良いことと、病院に通いながら就職活動や働いた方が良いことという内容だった。そこで初めて統合失調症は完治ではなく寛解という形になることを知った。

そのことにはそれほど気を遣わずにそれならそれでもいいかということで就職活動のためにハローワークに行った。ジムとピアノレッスンは解約する。ハローワークの相談員と話してブランクがあるからすぐに正社員は難しいのでまずはアルバイトからという話になり、資源循環局でのアルバイトが決まった。一般就労に何の不安も無く、変な自信もあったので、地域活動支援センターや就労継続支援B型事業所、就労移行支援事業所は活用しなかった。デイケアから一気に一般就労に行った。

資源循環局での仕事は体力仕事で屋外だったため、暑かったり寒かったり雨の中作業したりとかなりハードな仕事だった。それでも半年は休むことなく働き続けることができた。しかし、秋になってお腹が痛くなり、大腸を内視鏡で見たらガンを発見した。それから半年、アルバイトを続けながらガンを治療する。アルバイトは1年契約だったので満期で退職する。ガンの治療は7か月間かかった。無事、ガンが寛解すると（ガンも統合失調症と同じで完治ではなく寛解と言うことを知った）早速、就職活動に励むことにした。障がい者の就労の仕方として、障がいを伝えた上で就職する方法と、障がいがあることを伝えずに就職する方法がある。前者をオープン、後者をクローズと一般的に言う。資源循環局の時はオープン雇用を知らなかったのでクローズで働いたが、今回は障がいをオープンにして仕事を探した。それがかなり難航した。いくら応募しても不採用の通知しか来なかった。更に半年が経ってこのまま同じことを続けても先が見えなかったので、神奈川県でやっている障害者委託訓練の「トライ！」を3か月間受けた。就職に必要な知識や技能を学ぶコースが用意されている。その後、仕事探しに時間がかかることを見越して、古本屋でアルバイトをしながら就職先を探すことにした。アルバイトならすぐに見つかるがそれ以上のものになると急に見つからないというジレンマは辛かった。しかし、「トライ！」を請け負っていた事業所の紹介で就労を見つけることができた。

でも、あくまでも私のリカバリー目標は結婚生活にある。就労は通過点でしかなかった。ジョブコーチ（職場に出向いて直接就労の支援をする職場適応援助者）の人や就労支援センターの方が会社に来るたびに出会いの話をしていた。仕事の話はほとんどしていなかった気がする。ちなみに仕事はホームセンターの店員の仕事である。毎日、商品の補充とお客様の誘導が仕事である。商品の説明はまだできなかったのでそれは社員に任せていた。その時気付いたのが自分は接客が好きだということだ。もっと言えば話し相手である。お客様と話をしている時が仕事の中で一番楽しい時だった。順調に仕事は続けて行って年末辺りには社員になることも考えた。しかし、ホームセンターが閉店となり、私はその会社の違う部署で事務補助の仕事に就くことになる。

③　小説家を目指す

事務補助の仕事は苦痛でしかなかった。コミュニケーションをほとんどとらずに1日が終わっていく。体力的には余裕があったので家に帰ると小説を書くことを始めた。学生の頃、アルバイト先の社員に「その内俺のことを題材にして小説を書いてくれ」と言われたことを思い出したからだ。私は学習障がいの傾向があって、音読をするのが苦手な子どもだった。今でも訓読は普通の人の2

倍の時間がかかるくらいである。そのため、国語くらいは日本人として普通にできるようになりたいと思っていたので、大学も文学部文学科国語国文学専攻にしたし、教職も取って国語をいろんな方向から勉強した。そういう理由で小説を読むことから書くことまでしたくなったのだ。パソコンを前にすると言葉が溢れ出す。昼間仕事で黙っている分、家では言葉に満ち溢れていた。ここまで楽しいことは今まで経験したことがなかった。婚活は思うようにいかず足踏み状態、仕事はつまらない、何時しか小説を書くことが一番の楽しみになっていた。そして決断する。36歳で仕事を辞め、小説家を目指すことを。今の自分には結婚よりも小説家になる方が簡単な気がした。仕事を辞めて小説家になる道を選ぶ。周りの多くの人が仕事をしながら小説を書けばいいと言ってくれたが、私の国語力では専念しないと書けないと思ったので思い切って小説を書くことに舵を切った。リカバリー目標の結婚生活の前に小説家になることをスモールステップとして前に置いてしまった。

④　結婚

だが、結婚を後回しにしてからなぜか婚活が身近なことに変わってくるという面白い経験をする。仕事を辞めた翌月に、「トライ！」やジョブコーチでお世話になった事業所が婚活イベントの実行委員を作って私もそこに参加することになったのだ。精神疾患の当事者を8名集めて初めての婚活イベント会議が始まった。会の名前は『ＧＯＧＯ婚活』にした。しかし、巷の婚活パーティーをイメージしたイベントを開催するも女性がなかなか集まらないという結果になる。翌年から名前を『めんちゃれ』とし、新たな船出をした。花見のイベントを開催すると今度はそこそこの人数が集まった。ここで『めんちゃれ』の形が見えてきた気がする。花見は横浜の根岸森林公園でやった。あいにくの曇り空で寒の戻りもあり、かなり寒かったのを覚えている。花見が終わると、女性一人ひとりに声を掛けて、二次会に誘った。みんなノリが良く、二次会は10名以上の人が集まった。横浜駅近くの居酒屋で二次会。かなり盛り上がってみんなでメルアド交換して二次会が終わった。私は三次会に行こうとしたが、途中、携帯が鳴った。二次会の後、帰ったと思った女性からだった。ヨドバシの前で待ち合わせして、マックでお茶をした。お互い告白しあい、そして運良く私はその時カップルになることができた。その日は寒い中みなとみらい辺りを歩いてデートをする。心は暖かなままだった。

2回目に会ったのは私の誕生日の日だった。彼女は仕事の同僚とプレゼントを選んでくれたようだ。サッカーボールのストラップ。早速携帯に取り付けた。それからも週に何回もデートをした。ほとんどがファミレスでお茶をしながらの会話だったが、つまらないことはなかった。4月の後半に横浜のビブレにデートに行ったとき、ペア・リングを買った。彼女が「どこの指につけるの」と訊いて来たので「左手の薬指でしょ」と返した。彼女もちゃんと左手の薬指にリングをはめてくれた。

その後、二人の頭の中には結婚しかなかったと思う。4月の終わりには県営住宅の申し込みをして、5月は物件巡り、婚姻届けも書いて渡した。場所は忘れもしない、関内のモスバーガー店だ。6月になると両方の親と食事会をして、20日に入籍。最初は別居婚を考えていたが、彼女が私の実家に引っ越してきた。結婚式は挙げなかったが、夫婦二人の結婚写真を7月に撮った。8月は新婚旅行。私は旅行の手配をするとき、すぐに頭が痛くなってしまうので全て新婚旅行の手配は妻がしてくれた。当日は車で出かけ、迷うことなく目的地に着いた。地図を読むことはできて良かった。

⑤　結婚生活

結婚生活はそこそこ順調で妻は仕事、私は小説に没頭する日々。しかし、結婚して半年ほど経つと妻の調子が段々悪くなり、会社を休む日が増えていった。頑張っていたのだがしばらくして妻は会社を退職した。妻は頑張り屋さんで事務仕事より肉体労働の方が自分には向いているのかもと掃除の訓練ができる地活に通い始めた。そして年の終わりになると夫婦で自立しようということになり、物件を探して引っ越しをした。二人暮らしの始まり。私は勢い込んで年度初めからまた会社員になった。一応派遣の仕事だったがオープンでの一般就労だ。しかし、私には合わないと分かっている事務補助の仕事。ストレスは着実に増えていった。二人暮らしは初めのうちはかなり頑張り過ぎていた。私は向かない仕事の毎日、妻は毎日の献立を考え料理など家事に力を注いでいた。最初の1年はあわただしく過ぎていった。でも充実感も合わせ持っていた。秋には日本精神障害者リハビリテーション学会いわて大会に夫婦や仲間で参加し『めんちゃれ』のポスター発表をした。また、私たちの住んでいるアパートは地下鉄の駅からバスで行ったところにあり、バスは1時間に2本しか来ない。不自由を感じたので車を買うことにした。我が家に自家用車がやってきた。それからの1年はとても充実していた。妻の両親をアパートに呼んで妻が料理を振る舞うことをしたのもこのころだ。妻は新しい仕事にチャレンジをしたが、なかなか上手く行かず秋には全身に湿疹ができ、横浜市大の皮膚科に入院することもあった。私ができることと言ったら仕事帰りに毎日見舞いに行く程度。それでも妻は車いすで病院内を案内したら喜んでくれた。

翌年、今度は私が調子を崩し始めた。発端は会社の啓発活動で社員と本の読み合わせをした時だ。その時改めて自分の黙読のスピードの遅さに気付かされた。発達障がいの一つである学習障がいを気にすることが多くなった。発達障がいの当事者会や勉強会に参加したのもこの頃だ。当事者会で発達障がいの検査があることを知った私は戸塚にあるあるクリニックの門を叩いた。ＷＡＩＳ－Ⅲという検査。結果はＩＱ＝80、言語理解＝85、知覚統合＝78、作動記憶＝72、処理速度＝63という結果だった。数値の凸凹が無く安定しているので普通の発達障がいはないが学習障がいの傾向はあると言われた。この検査はあくまでも参考にしかならないので診断はできないと言うことだった。それでも長年の悩みがはっきり分かったことでホッとし安心したのを覚えている。そして、そんな自分の特徴を仕事に活かしたいと思うようになる悪い癖がまた出てきていた。その年の夏に仕事は辞めてしまった。小説家をまた目指したのだ。妻は「またか」と思ったかもしれない。でもそんな私を許してくれた。

同じ夏、リカバリー全国フォーラムに参加した。結婚の分科会に出て夢の無い話をする演壇者に対して異議を唱えると、それを見た共同通信社の記者さんが私に目を付け、『めんちゃれ』を取材しに来てくれた。その時にその話を聞き付け『めんちゃれ』の会議に来てくれた横浜ピアスタッフ協会（ＹＰＳ）の会員でもあるシャロームの家のピアスタッフ堀合研二郎氏と初対面し、私の人生は更に揺れ動くことになった。お返しに私もＹＰＳの事務局会議に参加するとその場にすぐ慣れ、私も入会をした。そこから懇意の仲になり、年が明けて平成29年になると蔭山正子先生と会うことになった。この本の制作の始まりだ。ＹＰＳとは他にも『めんちゃれ』とコラボで定例会の時にイベントをやったりもした。小説の方はと言うと通信教育に入ったのだが先生の返信が遅く滞った状態が続いていた。夫婦生活は子どもを作る作らないの話が飛び交い結局、子どもは作らないことに決まった。夫婦二人で仲良く暮らしていくのもそれはそれでいいものだと思う。車に乗ってドライブも私たち夫婦の間ではなくてはならないイベントになった。『めんちゃれ』は相変わらず夫婦二人一緒に参加している。そんな中私の人生は更に揺れ動き、シャロームの家の姉妹事業所であるシャローム港南に入所した。通院から始まり、デイケアを経て、一般就労、辞めた後に結婚、その後また就職するも2年ですぐに辞めてしまい、今はB型に通うことに。さらに蔭山先生の本に刺激されて『引きこもりＳＯＳ』を立ち上げ、統合失調症のピア電話相談員の仕事もこなすという現状だ。子どもが欲しかった私は妻の弟のアドバイスでジャンガリアンハムスターを飼い始めた。今も毎日可愛がっている。

未だに私のリカバリーの行先はどこへ行くのか定かではないが、結婚生活を長く長く続けられたらなと思っている。そう言えば小説家になるスモールステップはどこへ行ったのか。その行先も私自身気にしている。まだまだ私のリカバリーは続いていくと思うが、リカバリーの仕方・流れは人それぞれだ。一人ひとり違うのが当たり前。生きている間、ずっとずっと続くのがリカバリーだと思っている。

◎**『めんちゃれ』**　横浜市港南区を拠点にしている精神障がい者の当事者会。テーマは婚活。毎月会議を開いて当事者自らイベントを企画している。結婚に至ったカップルは4組。ホームページ有り、「めんちゃれ」で検索。

◎**『引きこもりSOS』**　ひきこもりの本人や家族の話し相手を務めることをしている。横浜市を中心に活動中。ホームページ有り、「引きこもりSOS」で検索。

第6章を受けて

リカバリーは人それぞれ違う、そしてずっと続いていく、人生そのものとも言えるのだと理解した。当事者がリカバリーをするために必要なこととして、根本さんが紹介したことは、まず病識を持つことだった。多くの家族が悩むことの一つが、当事者に病識がないこと。病識をもつには、健常者と病気にかかった人との違いを見つけ、認めることが必要。納得するに足る客観的意見が必要であり、信頼できる第三者の言葉と、同じ当事者の言葉が有効だろうとの見解だった。また、当事者同士で交わされる、「何が有りで何が無しか」、そこに暴力がNGということも学ぶようだ。家族以外の第三者や当事者の存在は重要である。その他、リカバリーに必要なこととして、規則正しい生活、デイケア、仲間、疾病管理、就労が紹介された。

就労を最終目標にする人が多い中、根本さんがこだわったのが「結婚」だった。結婚を後回しにしてから運が巡って来た。病気になったからこその出会い、支え合う夫婦関係。当事者同士の結婚の良さが伝わってくる。私がもつ根本さんの印象は、人と話すのが上手で優しい人。また、優しいだけでなく、厳しいことも言ってくれる人。守ってくれる人という印象もある。結婚相手に根本さんを選んだ奥様は見る目があると思う。末永くお幸せに。

［蔭山正子］

コラム▼子どもがくれたリカバリー

前田梨夏▼

私は護れる物が欲しかった。
考えた対象は子どもだった。
だが実際は――。

私は解離性同一性障害です。18歳で初受診。カウンセリングや診察にてわかったのは2歳の時点で発症しているとのこと。

そんな私には現在中学2年生の息子が居る。育児によるリカバリーについて書くことになりまして。しかし私、育児らしい育児はできませんでした。就職などもしたこと、ありません。入院の経験は精神科だけで十数回。前半は自殺未遂による入院。後半は休息入院という言葉通り休むための短期入院となります。

23歳の誕生日に妊娠を確認。この時、私は服薬をさぼってました。まず一つ目のリカバリーは最大60錠が現在は3錠に減っていることでしょうか。妊娠中も最低限の精神薬は飲みました。妊娠したことで受診も欠かさず、カウンセリングも受けました。次の年の春に出産するのですが先天性の二分脊椎が影響し、帝王切開。しかしこの赤子、帝王切開する予定日から3週間も早く出て来ました（帝王切開は変わらず）。せっかちで自己主張が激しい。周りには幻覚だと言われていますが妊娠2か月にして「自分はお腹に居るんだぞ」と言わんばかりに胎動を感じさせて来ました。

出産して3か月後、私は日雇いの仕事を始めます。二つ目のリカバリーになるのでしょうか。今でも仕事するなら日雇いの会社を利用させてもらいたいと思っています。フルタイムは無理ですが日雇いならできる自信はつきました。現在は有償で動くピアサポーターをさせていただいております。

さて、息子の面倒は誰がみていたか――私の母です。主人の両親も可愛がってくださり、助けてくれています。妊娠を確認した時には産科医から「病気なのに育てられるの？」とはっきり言われ、何も言い返せずに泣きました。ですが心音や超音波を見た後、同じ先生に「一緒に頑張りましょう」と言われたのは嬉しかったです。試されたのかと今でも思っています。

出産後は児童相談所が出て来ました。私の母が保護者となることと保健所とつながることで息子は乳児院や施設に入る事無く母と一緒に暮らし始めます。息子が6歳後半になった辺りから私たち夫婦は母も含めた４人で暮らし始めます。それまでは義父も居たので息子は私の母と義父と暮らしていました。

生活に関しては、私も主人も障害年金を受給しています。平成23年の春から父母両方の年金に子どもの加算がつくようになりました。私たちはその上で生活保護（世帯保護）も受給しています。保護費から年金を引いて差額が残ると生活保護は受けられるようです。

三つ目のリカバリーは近所付き合いができるようになったことでしょうか。学校関係の集まりにも出られるようになって来ています。現在では沢山の方々と関われるようになりました。

さて、最初の文に戻ります。

私は護れる物が欲しくて、その対象は子どもだったわけですが、実際はどうだったか。護るどころか支えられています。私にとって大きな柱です。その上、幼い頃から最大の理解者なのです。リカバリーの源になっているのも「この子には好きなことをしてもらいたい」「欲しい物は揃えてやりたい」という「親バカ発想」だったりします。あとは独りで抱えちゃダメです。周りの家族や友達、福祉などは頼りましょう。甘えましょう。使いましょう。

私のリカバリーはまだまだ続きます。大き過ぎるハードルは「越える」のではなく「くぐれ」と言われました。頑張ります。

親として子どものためにしてあげたいことがある。護るものができると人は強くなる。梨夏さんは、「しっかり者」という印象がある。また、人や制度に頼る、甘える術も身につけている。これも「この子には好きなことをしてもらいたい」「欲しい物は揃えてやりたい」と言う「親バカ発想」に支えられたリカバリーなのだろう。

精神障がい当事者の間で広がってきた、婚活ブーム。恋愛、結婚、親になることは、人生を豊かにする。リカバリーに重要な要素として、支援者も積極的に応援してほしい。〔蔭山正子〕

コラム▼ピアスタッフになって良かった

相沢隆司▼

現在、地域活動支援センター（いわゆる作業所）と市の生活支援センター、精神科病院で精神保健福祉士として働いております。この仕事は立ち上げ事業から数えると14年目になります。当時は「ピアカウンセリング」「ピアサポーター」という言葉はありましたが、「ピアスタッフ」という言葉より、「当事者職員」と呼ばれていました。

現在、生活支援センターでは理事と、相談業務についております。中心的業務は相談業務です。生活支援センターは支援対象が市内の精神障がい者全員なので、相談内容は実に様々です。例えを挙げるとキリがありませんが、私にとって気分の悪かった事例としては、「なんだ、男に用はない。女性スタッフに代われ！」といきなり言われて、罵倒されたり、電話に出たとたん「バカヤロー!!」と怒鳴って切れてしまう電話もあります。守秘義務があるので具体的には言えませんが、正直な話、もう勘弁してください、と思わず本音を漏らしたくなることもありました。

スタッフになった当初はこのような電話が怖くて、嫌でしたが、今では大丈夫です。長年この仕事をした結果悟りました。結局、面接に来たり、電話をかけてくる当事者は、もがき苦しんでいた当時の私だと思えば良いのです。寂しかったり、孤独だったり、不安だったり、病状に苦しめられていたりしていれば心に余裕がなくなるからなのです。「死にたい……」と言われれば、私も自死未遂を3回やっているので、気持ちが分かります。でも、ツラいのは自分だけでないことが分かるだけでも多少なりとも気分は軽くなるものです。

嬉しいのはやはり感謝されたり、問題が解決した時です。死を考えていた人がとりあえず思いとどまって「……ありがとうございました」と言ってくれた時や、生活支援センターという読んで字のごとくの生活上の悩みは解決策を提案しやすいので、感謝されることが多いです。

過去の、ある大変だった事例は本人からではなく家族からの電話で、難しい問題でした。緊急の、それこそ「SOS」だったので、私が直接訪問しようとしましたが、施設長から「自立生活アシスタント事業担当者」にバトンタッチするよう指示され、私は手を引きました。ちなみに、この事業は当事者が安心して暮らすために必要な社会生活力を高めるために、スタッフが訪問して助言や支援をする事業です。３６５日24時間体制ですが、登録制となっております。

さて、私を除くと職場は当事者でないスタッフですが、私が頑張ることで、良い刺激と影響を受ける、と言われました。これもピアスタッフの存在意義ではないでしょうか。特に薬に関しては30年間の経験が生かせるうえ、相談員をやっていることを主治医が応援してくださっていて、薬に関して話を持ち掛けると私のことではないのに具体的なアドバイスを頂けるので、私が相談業務を遂行する上で、大変助かります。当事者でないスタッフが相談を受けていて苦手なのは薬品名を出されることらしいです。

最後に、ピアスタッフになって本当に良かったことは、相談電話で一緒になって解決策を考えることで私自身のリカバリーにつながっていることです。なぜなら、内容が私自身の問題でもあり、逆に相談者さんからの何気ない言葉がヒントになっていて、解答が得られたり、私から「宿題とさせてください」と保留し、休日に精神科専門書で知識を身に着けたり、心のケアに関する本を探して読むことでこちらの方が癒されるからです。また、相談内容に共感することで私にまた一人仲間ができた、という感覚が嬉しいからでもあります。

「ピアスタッフになって良かった」を受けて

横浜でピアスタッフの草分け的存在として知られる、相沢さん。活動当初は、他の職員と対等に扱われなかったり、当事者からは妬まれたり、様々な苦労があったことは想像に難くない。苦労が多い中、安定感をもって信頼できる仕事を続けてこられた相沢さんの存在は、ピアスタッフの定着・普及に大いに貢献したと思う。ある時、ピアスタッフとして大切なことについて意見を聞く機会があった。相沢さんは、「人権に敏感であること」と話していた。人として尊厳を傷つけられる体験をしている精神障がい当事者は少なくない。同じ当事者だからこそ、最も敏感になり、人権を擁護する立場である必要があるのだろう。ピアスタッフの奥深さと、相沢さんの魅力を感じた瞬間だった。

〔蔭山正子〕

第7章　今後に向けて

第1節　苦しさを越えて――当事者の視点から、今できること

堀合悠一郎

本書を作っていく中で、一つ大きな出会いがあった。特定の個人との出会いというわけではない。それは、家族会の方たちとの出会いだった。もちろんこれまでも家族会の方たちとは交流があったけれど、彼らは私たちにとっては、時々顔を合わせる親戚の長老たちという感じで、特定のテーマを共有して熱く議論するということはあまりなかったのだ。

ところが、本書の編集会議やグループワークでの彼らは違った。堰を切ったように抱えている思いが言葉となり溢れ出す。改めて、私たちは非常に重大なテーマを扱っているという認識を新たにした。それと同時に、暴力の話題は家族会の中ですらタブーに近いテーマなのだという現実も知る

ことになる。精神障がい者本人たちだけでなく、家族においても内なるスティグマ（強い偏見）は根強い。

では、偏見がなければ、暴力の辛い体験をオープンに語れるだろうか。偏見はあまねく社会全体に根付いている。そんな中、偏見をなくすことは、簡単ではないだろう。親への暴力の加害者側である精神障がい者が自らの体験を語る場に出会うこともまれだ。しかしなぜか、一度腹を決めると、体験をオープンに語ることは、意外と簡単だった。自ら語ってしまえば、そのことはタブーではなくなる。そして、自らの体験を開示する者に対して、あらぬ偏見を持つことはできないはずだ。ここに、精神障がい者の当事者としての強みが一つある。

会議やグループインタビューで話をした家族たちは口々に、「子が暴力をふるう理由を知りたい。理解したい」と話していた。そのことについては、僕も自分の担当章で「本人も自分の病気のことをよくわかっていない」と書いたけれど、改めて、家族の方たちには「子を理解しようとする思いが何よりも尊いと思う。結果、理解できなくても、その思いは必ず子に伝わるはず」とお伝えしたい。

精神障がい者本人のリカバリーについて、家族は大きな鍵を握っている。そのことはきっと、病気や障がいで苦しむ本人が一番痛感しているはずだ。でもそれは、家族が何か特別なことをしなければならない、ということではないと思う。むしろ、親が別段何かをしなくても、子のリカバリーにとって大きな影響を与えることができるのではないだろうか。感覚が過敏になっている精神障がい者の場合、ほんの小さな言葉や振る舞いでリカバリーの車輪が回り出すこともある。親子関係とは、そんな理屈を超えた不思議なものだと、自分自身の経験から思う。

都会の住宅地で育った僕にとって、家の外の世界は、うかうかしていると負かされてしまいそうな「戦場」だった。一旦ひきこもりが長引くと、安心できる場は家の中あるいは自分の部屋だけになる。でも、それは家という囲いに隠されているから、外からは見えない。問題を抱えている、悩んでいるのに、外からは世間体を保っているように見えてしまう。安心して辛さを開示し合い、悩んでいるのは自分たちだけではないことを知ることができる場があれば、表面ばかり取り繕うようなことをせずにそれぞれの個性に合わせたリカバリーを進められるのではないかと思う。

本書の執筆メンバーが所属する精神障がい当事者会ＹＰＳ横浜ピアスタッフ協会では、多様な個性や背景を持つ人たちが集い交流できる場を運営している。座学の研修、グループワーク、スポーツ、音楽、等、何かしら好きなことを共有できる仲間が見つかる場を念頭に、試行錯誤を繰り返しているし、また、精神障がい当事者会と書いたけれど、家族や支援者の参加も歓迎し、多様性を持った柔軟な集まりになるよう心を砕いている。

そんな場には、自分と違う意見の人が居るかもしれない。全く馬の合わない人が居るかもしれない。しかし、前書きに書いたように、意見の相違や矛盾を超えた対話の連続の中にリカバリーの大きな鍵がまた一つ隠れているはずだ。それを見つけるために、私たちは今日も対話の可能性を探している。これを読んだ皆さんも、その対話の輪に加わってくれる……そんなことを夢見ているのは、僕だけではないはずだ。

この当事者活動は、初めに、学び、見聞を広めることにどん欲な幾人もの思いがあった。今でもそれは変わらない。本書を作ることも、土台には人への関心がある。僕にとっては、一度なくしかけた他者への積極的な関心だ。精神疾患の療養を始めたころ、なかなか文章を書いたり絵を描いたりする表現行為が難しかったと本書の前半に書いたと思うけれど、その時は両親や主治医のアドバイスを受けて、アウトプット（表現）ではなくインプット（情報を取り込むこと、読書、映画、音楽、美術鑑賞）に専念した、そんな時期があった。ラジオを聞いて、あらゆる種類の音楽に触れ、図書館で手当り次第に本を借りて読み、当時NHKの衛星放送で深夜にやっていた映画を見る……自分の感性を闇鍋に見立て、情報の質にかまわずとにかくなんでも取り込む……結果、どんな反応が出るかは予想できなかったけれど、なぜか、悪いものが出てくるとは思えなかった。悲劇的なあらすじの映画、暴力的な内容の映画、反道徳的との烙印を押された小説……どんな破壊的な、悪を描いた表現も、破壊や悪そのものではあり得ないと、だんだん分かっていった。むしろ、そうした悲劇的な作品からは心を浄化するカタルシス作用を受け取った。

暴力と正面から向き合った蔭山氏の前著にリカバリーの可能性が示唆されていると感じたのも、本書に自分の辛かった体験をためらわず赤裸々に書いたのも、そうしたことが背景にあるのだと思っている。精神障がい当事者の思いを知ってもらうのには、思いの良し悪しは無いはずだ。とにかく知ってもらうことが大切で、かつまだまだ足りていない。本書はその思いを知ってもらう貴重な機会の一つ。今後、このような機会をさらに広げていくために力を尽くしたいと思う。

第2節　家庭の問題を社会の問題へ

蔭山正子

1. 問題の存在を認めること

「家族への暴力」というテーマ。家族が家族会の中でも正直には言いたくないタブーな話題。支援者からは、その存在すら否定される。できれば無いものとして扱いたい。タブー中のタブーとされるテーマである。

２０１５年3月、精神障がい者の6割で家族に暴力が発生しているという新聞報道によって、一気にこの問題が表に出た。まるでパンドラの箱を開けたようだった。色々な人からの攻撃、圧力がかかった。私が精神医療・看護・福祉の人間だったら、きっと圧力に負けていたと思う。ある精神看護の教員は、「やっとこういう風に言ってくれる人が出てきた」と、自分はできないから、外から言ってくれるのがありがたいと言った。幸いにも私は公衆衛生看護の人間だ。業界では、ある程度の地位もある。だから、この主張ができるのだと思い知った。精神保健医療福祉の業界は、外に開かれていない。自分たちの世界しか知らずに、精神保健医療福祉の基準と文化で物事を見て決めていく。私の主張を邪魔だと思った人が少なくない数で存在した。これまで邪魔な主張をしてきた人は、きっと業界から追い出されてきたのだろう。本でしか読んだことのない、信じられなかった世界が現実であることを肌で感じた。

就労、リカバリーといった明るい話題だけが良しとされ、負の側面は無いことにしよう。そんな支援者や研究者の文化がある。家庭で苦しむ家族と当事者がいること、そこに支援が届いていないことを直視する必要があった。つまり、家族への暴力はある。その存在を認めることが問題解決に必要な最初の一歩である。

最初の新聞報道から3年が経った。北海道から沖縄まで約30か所で講演依頼を受けて、話してきた。本も出版し、報道機関の取材も積極的に受け、雑誌等にも記事を書いた。家族への暴力は起きる。この問題の存在を否定することはできなくなった。そう言ってもよいところまでやっと来た。

2. 問題を知ること

問題の存在を認めたら、その問題を理解することが次のステップになるだろう。しかし、精神疾患そのものが未だに原因不明であり、現段階では、なぜ家族への暴力が起きるのかについても考察の域を出ない。精神疾患が未だに原因不明であるので、いわゆるエビデンスと言われる研究結果を過信しないことも重要だと思う。前提がわからない。その中で少しずつわかってきた。その少しのエビデンスを過大評価することのリスクも大きいと思う。画像や数値で示すことができない、当事者や家族の言葉、体験にも価値を置く。そういう姿勢が研究者や支援者に不足していると感じることがある。

家族26名へのインタビュー調査から、家族は当事者からの暴力を「病状とともに起こる」「突然くる」「手加減がない」「しばらくするとケロッとする」といった特徴をもつと捉えていることがわかった。暴力は突然起きるので防ぐことが難しく、暴力が起きた後にケロっとしているので安堵してしまい、次の暴力への対処をしなければいけないという危機感が薄れていた。暴力はもう収まるだろうと期待をしては裏切られるということを繰り返し、長い人では10年20年と暴力をしのぐだけの生活をしていた。近所に迷惑をかけられないと、家を当事者一人にせずに、家族の誰かが家にいる生活を発病以来20年続けているなど、信じがたい生活をしている人もいる。その状態では、家族は冷静な判断ができるはずもなく、効果的な対処ができないままに悪循環に陥り、いつしか抜けられなくなっていった。家庭で誰かが死ぬかもしれないという危機感が生じてやっと警察を呼んだり、相談する。しかし、やっとの思いで相談したにもかかわらず、精神科病院も保健所も警察も手を貸してくれないことが少なくない。そこで、もう自分たちで対処するしかないと、抱え込まざるをえない状態になる。「世の中に見捨てられた」という絶望である。

家族の多くは、当事者がなぜ家族に暴力をふるうのかその理由を知らない。研究プロジェクトの一環として行った試みがあった。親が自分の子どもに聞けないことを、回復した当事者に聞いてみるという試みだ。当事者は、本書を書いたメンバーである。家族が当事者に訊く、当事者がきっとこうではないかと当事者性をもって答える。困って悩んでもわからなかったことを当事者が教えてくれた。家族にとって、目から鱗が落ちるような体験だった。家族皆が感動していた。暴力がなぜ起きるか、どのように接してほしいかを初めて知ることができた。家族会と当事者団体。一緒に活動することは少ない。一緒に活動すると互いの問題を解決するのに役立つ知恵がもらえる、そういう期待がもてた。本書では、当事者が前作に書かれた家族の体験に答えるような形で書いている。本書を読めば、ヒントを得ることができると期待している。

3. 問題の共有、そして、個の問題から社会の問題へ

同じ立場の者同士が体験を共有することは、知ること以上に重要だと思う。

私は、このテーマで各地に呼ばれて講演に行っている。その中で特別な場所がある。そこは、その地域の精神保健医療福祉を開拓してきた方が自分の子である精神障がい当事者に殺害された地である。そして、事件のことは、その方の功績などの配慮からか、暗黙の了解で触れてはいけないこととして、話題にされてこなかったと言う。私はこのテーマでその地に呼ばれた。長く蓋をしてきた事件を皆が語るために呼ばれたのだと思っている。触れてはいけない話題としたのはなぜか。それは、「あんなに専門的にやってた人なのに、なぜお子さんの病状悪化に気づけなかったのだろうか、誰にも相談できなかったんだろうか」と思ったからではないか。つまり、その方の対応に問題

があったという見方が根底にあったのだと思う。私は、その地域の実情を知らないため、間違った見方をしているかもしれない。しかし、このように個人の問題、家庭の問題と捉え、タブー視するということは、至るところで起きているのだと思う。その地は、当事者活動も家族会活動も盛んである。独特な世界観と雰囲気をもつ。私は、その地を訪れる度、彼らの人間性に感銘を受け、また、このテーマに取り組む勇気をもらう。

屈辱や憎悪、悲しみなど負の感情も吐き出し、本音で話せたときに初めて気づくことがある。自分がしてきた苦しみは、他の人にも共通しているということだ。家庭で起きる暴力の問題は、個人の問題ではないことに気づくだろう。本音で語り合うことがなければ、いつまでも個人の問題としか捉えることができず、触れたくない話題として蓋をされてしまう。本音で話すことがその方への最良の配慮だったのではないかと思う。

家族への暴力は、当事者が生きづらい、傷ついているという「ＳＯＳ」が表出される形の一つにすぎない。本質は辛いという現実である。ひきこもって外にいけない当事者、ひたすら隠そうとする家族、そのような問題は、自身の家庭だけで起きている問題ではなく、他の家庭でも起きている。なぜか。それは、家庭の問題ではなく、支援のシステムや社会の在り方の問題であるからだ。その見方ができると、問題の核心に迫ることができる。家族への暴力は、家庭の問題ではなく、支援のシステム、支援者の倫理、社会の在り方の問題が根底にある。

この問題は、家族会で話せなければ、おそらく他に話す場はない。せめて家族会では、恥と捉えず、仕方がないこととして話せるようになってほしい。家族が「家庭内暴力は恥」と捉えることは、

「内なる偏見」(世間の偏見を自分も受け入れて信じている状態)である。内なる偏見から解放されると、自分が楽になり、当事者も楽になる。そして、支援を求めていけるようになり、また、声をあげられるようになる。

4. 社会を変える

家族への暴力が家庭の問題ではなく、社会の問題であることに気づいたら、発信することだ。当事者や家族の生の声ほど、人の心に響くものはない。

前作の冒頭において、親への暴力があった障がいのある娘を父親が殺害した事件をとりあげ、父親が公の場で体験を語った講演の内容をほぼ忠実に紹介した。講演を聞きに来た人は、父親を直に見て、どう思っただろうか。話を聞くまでは父親が悪いと思っていたかもしれない。しかし、講演会で80歳を過ぎた小柄な父親が泣きながら話す姿を見て、皆の印象はおそらく変わった。その父親は、娘を愛おしく想い、自身がしたことを悔い、自分を責め続けている。私が娘さんの命日にお花を贈ると電話をくださる。そして、受話器の向こうで泣き崩れてしまう。親にとって「子どもというのは存在しているだけで親孝行」であると、私に言ってくださった。実際にご本人を見て、言葉を聞けば、家族への暴力という問題をもはや家庭の問題にしようとは思わないだろう。

理屈では人間の心を動かせない。最後に、人間の心を動かすものは、当事者や家族の生の声だと思う。内なる偏見を払拭して、公の場で体験を話してほしい。

第3節　障がいが才能に変わる瞬間(とき)

福島政雄

幸福の定義は古典よりずっと語られてきました。またここで私が論ずることも僭越なことと思います。ですが、少なくとも不幸でない状態、すなわち「楽に生きられる」ことを狭義の幸福と言えるのならば、その方法論については、記録したい気概があります。

実にシンプルな方法論です。

「たすけて」と安全に言える居場所を見つけることです。

私が、そう考える理由を今からお話しさせてください。

ちょっとその前に。さて私は、支援職と紹介されていますが、実は当事者に囲まれ、私自身がこの人生を彼らに支援していただいている、という実感があります。皆、ひとなつこく「たすけて」を日常的に発信します。私もまた同様です。

「たすけて」と言える才能は覚悟のみです。

覚悟ができた仲間たちは、たすけてくださいと言えるがために「ありがとう」「ごめんなさい」を実に素直に発信できます。小難しいコミュニケーション理論をもちだす必要もなく、これらの言葉「たすけて・ありがとう・ごめんなさい」さえ適時に発信できれば人とつながれます。

フラットな関係で気持ちのよい仲間たち。昔の私を知る者は、皆「おまえは変わった」と言います。「障がい」を「才能」に変換させたエネルギー溢れる仲間たちに囲まれて私は今、幸福です。だからこそ、伝えたいのです。「たすけて」。この四文字の大切さを。

1.「たすけて！」から始めてみませんか　NO HELP, NO LIFE

「強弱」の人間関係はやっかいなものです。その関係性を誰もが認めながらも、あたかも存在すらしないように人々はふるまいます。子弟、親子、上司と部下、クラスメイトなどなどあらゆる人間の関係性には確実に強弱が互いに意識されています。今、暴力に苦しむ人間がいるのなら、まず、この強弱の人間関係を確認してみませんかというお話をさせてください。

強弱はそれ自体、善悪はありません。水は高いところから自然に低いところへ流れるがごとく、「強」から「弱」への流れは自然理を纏っています。

暴力の関係に「強から弱」への流れが存在するのなら、怖がらずにその現実をしっかりと見つめてみるのです。

暴力はときに「ＳＯＳ」の信号かもしれません。しかしながら、それが「強から弱」であるならば、信号は深い沈黙の海に座し、しかもまた「ＳＯＳ」そのものが歪んでしまうことがあります。

はてさて何のことやら、抽象的に説明しても、まるで説得力がないかと思いますので、具体的に自分自身の実体験をお話しします。

周りの情景がグニャグニャと入れ子デザインのように崩壊していく絶望感を味わった経験が私にはあります。組織という強弱構造の中で被害妄想に駆られ、疲弊した私は愚行動に至りました。絶望の深淵を家族という自分にとっての弱者に訴えたのです。「歪んだＳＯＳ」でした。沈黙を期待し、それでも自分の悲しみを無理強いに家族に理解させようと、必死に「歪んだＳＯＳ」を叫びますが、伝わるはずもありません。沈黙は残酷なまでに叫びを飲み込んでいくのです。沈黙は強弱のなせる業なのでしょうか。

私の意識は「死」を逡巡しました。

（死ぬほどの絶望感を体験した、という狭義においては私も「当事者」であると思っています。）

「死への逡巡」の夜、気絶するように眠りにつきました。翌朝、スーツをきたまま自室に横たわり、目を開けるとともに天井と向き合った瞬間、弾けるようにある言葉が湧き上がりました。それは自分でも意外な言葉でした。

「たすけて！　お願いだからだれかたすけてよ」

その瞬間、体が別の有体に昇華したような不思議な感覚に包まれました。ただ、同時に「これで（誰かと）つながれた」と根拠もないのに強く感じたのを覚えています。自分が強者でないことを認めたのです。だからこそ、「たすけて」、すなわち「歪まないＳＯＳ」を発信できたのでしょう。自らを弱と認めた上での強への「たすけて」は物凄いパワーをもっています。本気で「たすけて」を発信している人を無視し、踏みつけにできる人間はほとんどいません。それが人間の本質なのです。

これが私の実体験です。強弱は私の思い込みというか、たんなる一つの観念でしかなかったのです。家族の沈黙を打算して、自分を強であると錯覚していたのです。

私は「弱」であることに気づきました。それは死の逡巡を経て、本気の覚悟された気づきでした。ただその気づきこそが自分の支援職としてのバースデイでした。

「『たすけて』と言ってもいいのだ」。これほどの自由と解放感に解き放たれた瞬間はありません。その言葉に端を発して、実にさまざまな人間と出会い、つながりました。未知の領域であった「福祉現場」においても、私は臆せず、「たすけて」を言い続けました。そうしてつながった中にYPSがあり、堀合さんご兄弟がいて、また本章後段で登場する中学教師の黒木さんとの出会いを数えます。強弱は観念のもたらす妙であり、普遍的ではなく、また優劣を決定するものでもありえません。強よりも弱に座る勇気こそ力を抜いて楽に生きる礎と知りました。

弱者であれ。自分が弱者であることを知ってこそ、「たすけて」は放たれます。そして人とつながれるのだと思うのです。

「差別に弱い」「偏見に弱い」「自らのプライドに弱い」「親に弱い」、様々な弱さがあります。人それぞれに自分の弱さを知り、人それぞれが弱者であることを覚悟するのです。

怖がらず、「たすけて」を発してみませんか。必ずだれかが傍らに現れるはずです。

人の放つ「たすけて」に寄り添える仕事に従事できる今、私の誇りは衰えることはありません。

「俺は人の助けを借りなければ生きていく自信なんかねえな」

と、あるアニメヒーローは厳談します。その潔さこそ、たまらなく美しく、かっこいいと私は感じます。

2. NFO

「たすけて」と言えた人間は内包されたエネルギーを芸術的な域にまで昇華させることができると感じています。精神に課題のある人たちと対話し、驚いたことがあります。その表現された媒体から発する芸術センスです。革細工や絵画などの作品に対しての叩きつけるような彼らの爆発的な感性です。

「(普通の)人には見えにくいことでも、見えてしまう辛さ」こそ、「心の病」の一端であるとは周知の通りでしょう。この辛さの感情発露には勇気が必要です。さらには、その勇気を後押しする、「安全性が担保された『場』」が大前提となります。「こんなことを言えば、嫌われてしまう、その場に居られなくなる、入院させられてしまう」というリスクを予想しすぎるがために、感情の発露は生き場を失っていきます。現在、従事するNPOでは、レザークラフトや絵画を媒体にして、利用者に対しては、自由に自分を表出しきることを奨めています。そこに表現された「もの」こそ爆発するほどに眩しく輝いているのです。私は歓喜する生命の躍動を毎日のように目撃しています。わがNPO組織の理念こそ『だれもが自由に安全に自分を表現できる場所』と謳われています。

いつの世も矛盾は弱きへ向かいます。強から弱へと向かう暴力。正当性を求めた「ＳＯＳ」は、より弱き者を、そしてより閉鎖された空間を求めます。歪んだ「ＳＯＳ」が彷徨い着く最終空間、それを仮に核家族と呼ぶこととして話を続けさせていただきます。

私はここに「ＮＦＯ」を提案します。つながる「カゾク」の提案であり、新しい家族の形の模索でもあります。血縁を軽視するわけではありません。元来、「自由に安全に自分を表現できる場所」の提供は血縁家族が相応しいものでしょう。ただ、血縁だけをもって法的に庇護されるべき核家族の時代は終焉したのではないだろうかと感じるのです。善悪を超えて核家族は疲弊しその役割を果たし辛くなっている一部の現実も見つめなければなりません。

人間に対して正当に人格を尊重する技術をもつならば、「包摂機関は既存の家族にとどまる必要はない」ということなのです。それらの新しい家族構造を備え持つ包摂機関を『ＮＦＯ』、すなわち、「NO FAMILY ORG.」と私は呼びます。政府の手が届かない国際協力支援を担う機関をＮＧＯと呼ぶならば、「血縁家族機能に似て非なる『カゾク機能』を与えられる技術を持つ、オルグに付与される称号」です。やり直しができる社会、失敗が可能な社会、そして弱者が「たすけて」を堂々と言える社会の実現が望まれます。「やまゆり園事件」など「弱者が加害者となり、現代社会にむけられた刃」は記憶に古くなることはありません。ただ、「追い詰められた被害の妄想」が弱者の根っこに共通して存在する、ことをイメージするのは私だけではないでしょう。「たすけて」と言えない社会構造が現代にはあるのです（この構造については、本章後段に登場の黒木先生が詳細に述べられています）。

人間は「間違える生物」です。その大前提をタブー視することこそ危険なのです。ＮＦＯは失敗を許す機関であり、その意味でもカゾクなのです。人間が「自由に安全に安心して自分を表現できる場所」、すなわちカゾクを組織が事業として実施する時代と対面する時がきたのでしょう。

3．さいごに――生きづらさの本質

「（普通の）人には見えにくいことでも、見えてしまう辛さ」

この辛さの本質を「普通」という軸を通じて想像してみたいと思います。

ほんの70年ほど前に、日本では特攻が普通でした。

ほんの30年ほど前に、日本では職場での喫煙が普通でした。

現代では到底考えられない「普通」が存在したのです。

普通の持つ空気感はいつも無責任です。そもそも、『空気』なのだから無責任であるのも頷けます。『空気』は『空気』であって、それ以上でもそれ以下でもありません。ならば一体、『普通という空気』はどうやってできるのでしょうか。それは、時代の強者の利害に結びつきます。「そうしておいた方が自分にとって便利だから」という極めて強者の自己中心的な理屈によって『空気』は造られます。強者に忍び寄り、蔓延り、生きながらえようとする思考停止した大衆は、強者の利便を忖度して『空気』を醸成していきます。『空気』は「世間体」、「常識」など実にさまざまな呼称に変幻します。『空気』に抗う者も、当然いるでしょう。この抵抗のもたらす摩擦感こそ『生きづらさの正体』と言えるのではないでしょうか。

古典音楽に女性作曲家がほとんどいないのは、男女差別によるものであることはあまり知られていません。バッハが生きたバロック期に性差別がなければ音楽史は塗り変わっていたと言われています。現代に女流の音楽家が活躍できるのは、『空気』に巻かれない、開拓者がいたのでしょう。職場の嫌煙権も、開拓者が普通を打ち破り、「あらたな普通」を勝ち得てきた史実があります。

今、近未来にはまちがった普通となるであろうとも、(現代では)「生きづらさのモンスター」と対峙している開拓者がいたとします。仮に彼らのことを「精神障がい」と呼ぶこととしましょう。

私や多くの仲間が感じている「生きづらさのモンスター」とは、言うなれば、「スピード至上主義」なるものです。音速にも達するような、急ぎすぎる「時間処理」に異を感じる輩たちです。産業至上主義に象徴される、「短時間処理」のみを美徳とする『普通という空気』が今確実に存在します。企業や組織という強の利便に迎合し異を感じながらも思考停止した人間は『空気』に埋没していきます。

しかし、開拓者は存在するのです。彼らは皆「もっとゆっくり歩こうよ」と問いかけます。世俗の洗脳は簡単には解かれません。でもゆっくりと仲間は増えていくのです。

やがて皆、その大切さに気づき、「肩の力をぬいてゆっくり」が普通になる日はくるでしょう。「生きづらさ」は開拓者としての使命なのかもしれません。それは言い換えれば「才能」なのです。「生きづらさ」を誇りとブランドに変遷させる男気を持つことは不可能ではありません。正々堂々と、そして「生きづらさ」を「安全に自由に表現できる場所」を社会で担保する時代を本気で創造していきたいと感じています。

「たすけて」ください。

◎福島の従事する相談支援機関

ＮＰＯ法人 Green Wind「やまぶき工房」

〒２４４－０８１３横浜市戸塚区舞岡町３４３８番地１
Tel ０４５－８２１－６００５　施設長ホットライン０８０－５４６２－６００５
http://yamabuki-kobo.com/

【活動内容】

・地域活動支援センター（精神障害者地域作業所型）
　レザークラフトなどのアート活動を通じた支援
・地域精神保健福祉の促進（Ｒ＆Ｄ）
・企業マン、教員などのメンタルケアサポート　など
・こども食堂、通信制高校の運営を企画中

【理念】「だれもが自由に自分を表現できる場所」

【執筆者から一言】　どなたでも「たすけて」を発信しにいらしてください。

第4節　学校でＳＯＳを交わし合う練習を

黒木実生

家族への暴力はＳＯＳである。ではこのＳＯＳは、どこへ向かっていくのか。何がゴールなのか。私が考えるゴールは「みんなの幸せ」である。「暴力でなく言葉で伝える」「暴力に対して適切に対応する」「就労する」などの先に、「みんな（本人・家族・支援者）が幸せに生きること」という大きな目標がある。このように考えたとき、改めて、暴力をきっかけとしているこの問題を、家庭の中だけのものにしてはいけないと思う。同時に、医療や行政だけでなく、学校や地域も含めて考えていくことの重要性に気づかされる。

私は約5年間、公立中学校の教員を務めてきた。また、精神疾患のある当事者でもある。ここでは、学校現場での経験を踏まえて、精神障がい者の「ＳＯＳ」に対して、教育にたずさわる人々にできることは何か、考えてみたいと思う。

1. みんな一人では生きていけない

学校教育の意義～「助けて」と言える力をつけること。「助けて」と言える安心の場のつくり方を学ぶこと。仲間とつながること。

人は、一人では生きていけない。地域でも職場でも、チームで活動することが多い。チームで課題を達成するためには、互いに助け合うことが大切であり、適切なタイミングで、適切な相手に「助けてください」と言える力が必要である。しかし、「助けて」と声を出すことは、簡単そうで、実はとても難しい（「助けて」を身近な人にさえ言えず、自分や家族で抱えこみ、苦しむケースは、前作や6章までで述べられてきた）。その根源は、学校教育にある、と私は考えている。「わからない」「できない」「教えて」「助けて」と発信しづらい教室文化に染まってしまった子どもは、大人になっても、その文化に縛られる。その教室文化に多くの子どもや家族、そして教師もまた、もがき苦しんでいる。

学校教育の意義は何か。①助けを求める練習を積むこと、②「助けて」と言える安心の場・仲間を教室でつくること（人と助け合う練習を積むこと、将来につながる仲間をつくること）、この二つが、学校の存在意義だと私は考えている。毎日の授業の中で、練習を積み、失敗や試行錯誤を繰り返すことによって、社会で生きていくための土台を築くのだと思う。

2. 学校教育の実態

> 子どもも大人も「きちんとしなければならない」文化に苦しんでいる。「人に頼ることができない（「助けて」と言えない）文化」「世間体を気にする文化」は、学校で生まれ、それが親子の心の溝をつくっていく。

学校教育で、1で述べた目標を達成できているか、というと、「できています！」とは言い難い。学校で子どもたちは、「みんなと同じでいる」「人に迷惑をかけない」「（いわゆる）きちんとする」ことを求められる。それができない子どもは、大人（教師や保護者）から「問題児」として扱われがちである。大人が「問題児」として扱えば、当然、周囲の子どもたちも同様に認識し、「自分と違う人」として差別するようになる。

十人十色というように、人は一人ひとり違っているのが当然である。しかし、教室において「きちんとしない人は駄目な人」という文化ができ上がってしまうと、多くの子どもは、「みんなと同じでいる」「きちんとする」ことに必死になり、「人と違う」ことの良さを大切にできなくなってしまう。「ちょっと変」を表に出してしまった子どもは、下に見られたり、のけ者扱いされたりする。そして、他の子どもたちも「次は自分が排除される番かもしれない」という不安を抱えながら、毎日を過ごすことになる。

この文化をつくっているのは、教師である。教室でおとなしく座っていられない、騒いだり暴れたりする、級友を困らせる、そのような子どもに対して、教師がどのように対応するのか、周りの子どもたちはじっと観察している。教師がそのような子どもを一方的に叱れば、「きちんとしていないと叱られる」「きちんとしない人は悪い人」という教室文化ができあがる。要領の良い子はそれを見て「きちんとする」ことを学ぶ。しかし、困ったときに「助けて」と言う力は育たない。また、困っている人に対して、その人に寄り添った方法で手を差し伸べる力も育たない。

一方で、教師や保護者もまた、子どもを「きちんとさせなければならない」というプレッシャーを感じながら、子どもへプレッシャーをかけ続けている。このプレッシャーに疲れた人は、学級や教職員集団からこぼれ落ち、不登校や退学、休職や退職へと追いこまれる。追いこまれてもなお、「学校に行かねばならない（子どもの思い）」「学校へ行かせなければならない（家族の思い）」というプレッシャーを教師や親戚、地域から受け、さらに追いつめられていく。教師も「学校へ来させなければ」と家庭訪問したり、スクールカウンセラーや医療につないだりしているが、「本当にこれでいいのか？」と疑問を抱いている人も少なくない。「（いわゆる）普通」や「世間体」を気にして動いてしまうのだ。

プレッシャーに疲れて、所属集団からこぼれ落ちてしまった人の中には、精神疾患や発達障がい、学習障がいの可能性のある人もいる。教師として対応できる範囲を超えている、自分の対応は間違っているかもしれない、と感じながら、とにかく家から出てこさせ、卒業、進学させなければ、という思いで動いている。自分や同僚の精神状態に不安を抱えていることも珍しくなく「みんなの幸せ」のことなど考えている余裕のない現場が多いと思う。保護者もどうしてよいかわからず、どこに頼ればよいのかわからず、学校から頻繁に電話がかかってきて、疲れ果ててしまう。そして「この子が学校へ行ってくれさえすれば……」と思ってしまい、本人の苦しみに寄り添う余裕がなくなっていく。すると子どもは、「（親は）自分のことよりも世間体が大事なんだ」と勘違いしてしまい、「私なんて……」と孤独感を深めていく。「きちんとしなければ」から生じた、親子の悲しいすれ違いの始まりである。

3. ちょっと変わった一人（少数派）を大切にする＝自分も大切にされる（みんなにとって得）

「ちょっと変」を大切にしない文化は、みんなにとって損である

私は何度か「あたたかいなぁ」と感じる学級に出会ったことがある。あたたかい学級は、「違い」を大切にしている。「ちょっと変わった人」や「困った言動」に対して、相手を尊重しながら、しっかりと向き合うのである。見ぬふりをせずに、「それはよくないよ」と指摘することも恐れず、その子の気持ちを受け止めることも忘れず、どう折り合いをつければよいのか、考え、行動する。そういう子どもが学級に1～2割いると、6割もなんとなくそれにならい、学級全体として、優しい雰囲気になる。「ちょっと変わった人」が大事にされているのを見ると、他のみんなは安心する。

「あの子が大丈夫なら、きっと私も大丈夫」と思えるのだ。そのような集団は、みんなにとって居心地がよい。安心して過ごせるので、自分のやりたいことに集中できる。学習にも身が入り、一人ひとりの力も伸びる。結果として、「違い」や「ちょっと変」を大切にする集団は、（自分も含む）みんなにとって「得」なのである。

また、あたたかい学級においては、「わからない」「できない」「助けて」を発信することが歓迎される。自分の弱い部分を見せることができる安心が、「保証」されているのだ。いわゆる「できる子」にとっても、これは重要なことである。なぜなら、社会人になって助けが必要なとき、誰かに助けを求めてもよいのだ、ということを、経験的に学べるからである。

私は子どものとき、この「助けを求める練習」が不足していた。勉強も身のまわりのことも、自力でそれなりにできてしまったのだ。そのまま教員になり、人に助けを求めることができないために仕事をこなせず、苦しんだ。助けてくれる先生はたくさんいるのに、自分の中の何かが邪魔をして、助けを上手に受けとることができない（人を信じて頼る勇気が欠けているのかもしれない）。子どもに「きちんとする」「締め切りを守る」ことを求めているのに、自分はそれができない。当然、上司から叱られる。自責の念に耐えられず、うつ状態になり、精神科に通い、数か月間、病気休暇をいただくこととなった（現在も通院・服薬している）。

「ちょっと変」を大切にし、自分の弱さを見せられる学級で、「助けて」「手伝おうか？」と言う練習を積むこと。これが「人を信じて頼る力」を育み、将来、必ず役に立つと思う。育児、介護、リストラなど、本人と家族で抱えこみがちな様々な課題に対しても、「助けを求める力」や「仲間の無言の『助けて』を察知し、声をかける力」があれば、きっと道はひらけると思う。

4．みんなの幸せのために――解決へのヒント

3で述べたことを実現する上で、教師にできることは、次の3点であると思う。

① 腹の底から「ちょっと変」を大切に、平等に扱う 「『わからない』『助けて』と言えることは、歓迎されること」だと示す

一見、迷惑な言動にも、必ずその子なりの理由がある。どんな子どもも「できるようになりたい！」という強い願いが必ずある。それを教師が本気で信じ続けられるかどうか、である。

私は中学校の理科の授業で、『学び合い』[14]に取り組んだことがある。授業中、「何で教えねぇんだよ！」「こんなの授業じゃない」「帰れ！　帰れ！」と、立ち歩きながら大声でわめいた生徒Aがいた。この生徒Aに対して、「みんなの迷惑だから、静かにしなさい」と注意したら、①に反するこ

(14)『学び合い』（二重括弧の学び合い）の授業では、教師が課題とゴールを示し、クラス全員が達成することを求め、やり方は子どもたちに任せる。教師が一方的に教えることはあまりしない。教科の課題を通して、人の力を借りたり、他者と折り合いをつけたりと、社会に出たときに必要とされる能力を鍛えることができると考えられている。関連書籍や、「Find！アクティブラーナー」のサイトに『学び合い』の動画が多数あるので、実践される場合は、参照されることをお勧めする。

とになる。「Aさんの言動は、勉強を頑張りたいのに、自分ではどうにもならない心の叫び（＝SOS）である。『できるようになりたい』という前向きな気持ちがあるから、Aさんは助けを求めている。勉強をどうでもいいと思っている人は、できなくても叫ばない」。こういう解釈をクラス全体に示すことができれば、「先生は本当に一人ひとりを大切に思っている」「『わからない』『助けて』と言ってもいいんだ」と子どもに伝わる。

②　試行錯誤・失敗のチャンスと、子ども同士が自由にやりとりする場を保証する

子どもは元来、試行錯誤や真似ることが得意である。幼児が失敗、真似や工夫を繰り返しながら遊ぶ様子を見れば、明らかである。授業中の子どもたちの立ち歩きや相談、のぞき見、真似を許せば、子どもはぐんぐん成長する。一斉授業（教師が学級全体に説明する授業）では、一人ひとりの学力や学習タイプに合わせた授業はできない。しかし、子ども同士で学び合えば、各自のペースや学習タイプに応じて学べるので、それぞれが成長できる。また、子ども同士の関わりの中で失敗・成功体験を積むことにより、他者との付き合い方・折り合いのつけ方、人を信じて頼る力を学ぶことができる。その過程で、自分と他者の違いや良さを知ることができ、「ちょっと変」を大切にするようになる。

③　授業の目標（課題）と評価基準を明示し、全員達成を求め続ける

目標に向かって努力するプロセスは、とても価値のあるものである。でもあえて、（個人でなく）

学級という集団に対しては、結果を求め続けることが重要である。子どもの努力した点、良くなった点を認めつつ、「全員が達成するまで、みんなならもっと頑張れるよね」というメッセージを送り続けるのだ。教師が妥協すると、頑張る力のある子どもが「一人くらいできなくても仕方ない」と手を抜き、学級全体が崩れていく。教師が妥協しない姿勢を貫けば、子どもは本気になる。困難な課題に本気で立ち向かうときに初めて、皆で知恵をしぼり、協力せざるを得ない状況が生まれる。すると、これまで関わりのなかった子ども同士のコミュニケーションが生まれる。教師が予測し得ない方法を実行し始める。こうして、子どもたちは互いを知り、力を伸ばし合うのである。

右記の①～③を実践する際に重要なことがある。

・「みんなで」「できる範囲で」取り組む

自分を犠牲にして、誰かを助けることを求めてはいけない。一部の子どもに負担感が増すと、長続きしない。そのためには、「誰かを助けること」が自分にとっても「得」になることを納得させること。自分には無理だと思ったら、代わりにできそうな人につなげばよい、という逃げ道を保証すること。人には相性があり、相性の合う誰かが助けを出せればよい。つまり結局は、「みんなで」取り組めばよい。これらを教師が示し続けることが大切である。これは将来、人とつながる力、チームで仕事をする力の基礎となる。

・あえて「個」でなく「集団」として見る

学校では、「一人ひとりに合った支援」が求められているが、教師一人にできることは限られている。そこで、あえて「個」でなく「集団」として子どもたちを見る。人間は群れの生き物であり、他者との関係性に応じて行動を変える生き物である。全体の6割は、「みんながそうするから」という理由で自分の行動を決めていると言われる。個人に注意するのではなく、集団全体に事実を示し、どうするか問いかけるのだ。「○○していた人がいたね。それに対して、みんなはどうするの？　注意する？　一緒に取り組む？　放っておく？　どれがうまくいくか先生にもわからないから、みんなで考えて、試行錯誤してみてね」。こんな調子で問いかければ、教師の求めることを理解できる1～2割の子どもが、行動するはずである。その子どもたちの行動が、他の子どもたちにも広がっていく。それが集団の力である。

5．おわりに――子どもの10年後、20年後……に目を向けて

本書は、教師のための手引き書ではない。にもかかわらず貴重な紙面を割いたのは、学校教育すなわち教師のあり方が、「暴力というＳＯＳ」の根源に潜んでいると考えるからである。

「私は意思疎通がとれない人間を安楽死させるべきだと考えております」。これは、植松聖被告[15]の言葉である。彼は「理性と良心」を授けられていない、人の心を失っている人間を心失者と呼び、

迷惑だからこの世から消えた方がよい、と考えている。[16] 私たちは、植松被告のような考え方を「全くもっていない」と言い切れるだろうか。「障がい者は迷惑だから、消えた方がいい」とはっきり言わないまでも、「周りに迷惑をかける人」「ちょっとめんどくさい人」「変わった人」は、「自分の前から消えてほしい」と思い、無意識に排他的な行動をとっている人は少なくないと思う。そのような意識は多くの場合、学校教育で育まれてしまっているのだと思う。いわゆる迷惑な行動をとった人を叱る、責める。その行動の本当の意味（その子の思い）や、そういう言動を起こさせた周りの状況は、無視されがちである。短期的に見れば、大人にとっては楽である。しかし長い目で見たら、恐ろしいことだ。当事者にのみに責任を押しつけ、「あいつが悪い」と複数で責める社会は、人に理解されづらい困難を抱えている人にとって、本当に生きづらい社会だと思う。そしてそのような社会は、結局、他の人々（いわゆる「普通の人」）にとっても生きづらいと思う。本人やその家族だけでなく、みんなで取り組めば、もっと救われるのではないだろうか。それが当たり前となるようなベースを小中学校で育むことができたら、どんなによいだろうと思う。

今、渦中にある当事者と家族には、医療・行政・ピアスタッフなどによる直接的支援が必要である。しかし長い目で見れば、学校教育が重要であると思う。「助けて」を言える人・言える相手

(15) 植松聖被告：相模原障害者施設殺傷事件の被告人。知的障害者施設「津久井やまゆり園」の元職員である植松被告は、2016年7月に施設へ侵入し、19人を刺殺、26人に重軽傷を負わせた。『創』2017年9月号（創出版）に掲載された、植松被告の手紙および関連記事より引用した。
(16) 同右。

（仲間）を育てること。迷惑な人を排除しても自分の幸せにはつながらないこと。みんなで「ちょっと変な人」を大切にすることが、結局は自分の幸せにつながること。そもそも、みんな「ちょっと変」であること（一人ひとり違って当然であること）。これらを、多少失敗しても大惨事にならない、ある程度守られた環境で学べることが、学校という場の存在意義だと私は考えている。

学校関係者は、精神疾患や、苦悩する当事者や家族の実態、その対応方法やつなぐ機関について、もっと知らなければならないと思う。在学中に発症の兆候が見られるケースが多いことからも、教員はつながるべき機関を家族に知らせることができる、最初の人なのかもしれない。「医療につなげばひと安心」のような心持ちでいる教員が多い気がするが、それは間違っていることを、私はこの本の制作を通して痛感した。学校関係者がこの本を読み、子どもと家族への支援のあり方を見直してくれることを、強く願っている。

あとがき

２０１８年6月、「第2回神奈川ピアまつり！」開催。そのタイミングでの出版にこぎ着けるべく、編集作業を進めてきた。そのなかで関わった方々には、深い謝意を感じる。心よりお礼を述べたいと思う。

「神奈川ピアまつり！」は、毎年6月に横浜を会場に開催しているピア活動の祭典であり、ＹＰＳ横浜ピアスタッフ協会の活動中で最も大規模なイベントだ。２０１７年開催の第1回には２００人以上が集い、ピア活動への思いを交わし合ったのも記憶に新しい。そこには、精神障がい当事者だけではなく、支援者も家族も、一般企業の人も居た。「ピア」という言葉には「仲間」という意味もある。そう、あの場では、誰かと仲間になることはなぜかとても簡単だった。中学・高校でひきこもりを経験し、友達づくりに苦労した私がそう感じたのだ。「ピア」という言葉には、そんな力がある。

暴力というテーマから始まった本書の執筆。暴力について書き込んでいくにつれ、リカバリーについて書く分量も増えていった。そこには、「暴力＝悪」「リカバリー＝善」とは単純に分けられない複雑さを感じたし、今も感じている。そんな複雑な現実を受け入れるには、どうすればいいのだろうか。きっと、正しい答えを知る必要はないのだと思う。正しい、究極の正解というのは存在するのかもわからないし、存在したとしても私のような凡人には手の届くものではないのだろう。むしろ、必要なのは、「正解」ではなく「仲間」なのかも知れない。

誰かと仲間になれば、その人が持つ、内なる宇宙とつながることができる。

本書を作っていく中で、多くの人の内なる宇宙をかいま見ることができたのではないかと思う。それは、とても貴重な体験だった。

本書の企画を立てて、はじめての本の執筆に苦闘する私たちを先導してくださった本書の共著者である大阪大学の蔭山さん、ご多忙の中毎回の編集会議に出席して有益な意見をくださった明石書店の深澤さんに、改めてお礼をしたい。

また、本書を作っていく中で、支えてくれた仲間たちの（あまりにも多くの方に支えられていて、ここでお一人お一人名前を上げることはできないけれど）、変わることのない温かいサポートに、執筆者を代表して深く感謝する次第である。

２０１８年4月　堀合悠一郎

＊＊＊

この本は、手掛けてから約1年で完成した。私にとってこの1年は本作りというよりも、ＹＰＳに関わって当事者を知ることになった1年だった。家族支援の研究者である私にとって、これまでの当事者との付き合いと言えば、保健所保健師としての相談業務くらいだった。当事者と一人の人間として付き合うこと。これも私にとってちょっとした挑戦だった。最初は、どう付き合えばよいかわからなかった。人として付き合うときに精神障がいがあるということを単なる属性の一つとして捉えているように感じる。今は、精神障がいという事実が邪魔をしない。むしろ逆である。精神障がいがあることは、今の私にとってはプラス。自分の知らない体験をしている、知らない世界をもっている人だから興味が湧く。不思議な感覚である。病気がない人よりも、予測がつかない。生きることに不器用だったりする。私は、職業柄、要領良く生きる優秀な人間に頻繁に会う。そこで気づいた。私は要領良く生きることを好まない人間のようだ。一見無駄と思える回り道に価値があると思う。より人間らしく、人間臭く生きたいと思う私は、彼らの生き方に好感を持っている。

本書が完成するまで何人かの人が病状悪化でプロジェクトを降りた（本作りが病状悪化の原因ではない）。病気と付き合いながら本づくりに関与してくれたことに心から感謝している。途中で抜けた人も色々な意見をくれ、また、私が知らないことを教えてくれた。私は、その人たちも含めて本書が出来上がったのだと思っている。

本当に楽しい1年だった。ＹＰＳの方と出会うまでは、家族への暴力というテーマに立ち向かおうと自分を奮い立たせ、通勤電車で毎日のように泣いていた。家族への暴力という研究テーマ。これは私の人生を変えたと言っても過言ではない。家族支援の研究者というアイデンティティのある私は、ご家族に色々なことを教えてもらい、可愛がってもらい、育ててもらった。私にとって大切な家族が一番困っている問題だから、私は当事者団体に飛び込めた。今までになく勇気が湧いた。勇気を出すと世界が広がった。視野も可能性も広がった。本や研究を通して、当事者と家族をつなげることができた。

私と一緒に前面に立ってくれる勇敢で愉快な当事者と、私を育ててくれた優しくたくましい家族。当事者と家族が一緒になることで大きな動きにつながることを期待している。

蔭山正子

ＹＰＳ横浜ピアスタッフ協会　活動紹介

ＹＰＳが設立して、２年と少しになります。
ＹＰＳとは、何かって？
大縄跳び。
大縄跳び知ってますよね？
タンタンタンタン、
まわる、まわるよ、縄がまわるよ。リズム、リズム、入る入るよ。
まわるまわる、縄がまわる。１かーい、２かーい、３かーい
みんなで飛ぶと楽しくありません？　たーーのしーーい！　俺はたのしーーいぜ！
スーパーエンジョイ、エンジョイング！　上がる？　上がるよね？　それがグループ！
そんなこんな、みんなみんな飛び続けて横浜ピアスタッフ協会。
いままで、いろいろな活動をさせていただきました。
大学の授業の講義、地域の文化祭、研修会の司会、勉強会
その中の体験、経験の中で自分自身いろいろなものが染みついてきたり、
学ぶことができたりしました。人と人とが集まる中での
その場では、分らなくとも、徐々に自分自身の中に変化するものが

生まれてくるものなのだなぁと実感する今日このごろです。
人と人との会話のやりとりなんでもそう、私が話せば、あなたも話す、上がる上がるぜ、気分が上がる
その空気感、それがいい！　それがいいよね！
この渦の中に俺は埋もれていたい。分かりますよね？　この気持ちこの感覚。
え、分からない？　ではでは、入ってしまおうYPS。行けば分かるよYPS
精神障がいでも、同じではないでしょうか？　人と人とがつながり化学反応を起こす。
専門職でもない自分が実感するのは、価値観の変換、こういう考えでもよいんだということではないでしょうか？　それが正しいか、正しくないかは、置いておいて。
専門職とは違う新たな視点、考え方、そこにYPSがするべきことがあるのではないかと思います。人と人とが触れ合う中で感じるなにか、それが、グルーブ、そうグルーブなのですよ！
一人じゃ生まれないグルーブ、だが集まればみんなグループ、みんなみんな、ピープルグルーープ！
みなさん、ピアスタッフのことをどう思われています？　当事者、精神障がい者？
ノン、ノン、ノン
違いますよ。違いますよ。ピアスタッフはね、
関係ない、関係ないったら、関係ない。

僕自身、ピアスタッフではないですから。
でも、でもＹＰＳの活動は
ずっと、大人の部活が続いているような、
青春時代が続いているような、渦の中にいる感覚です。
分かった？

ＹＰＳ横浜ピアスタッフ協会会長
住友健治

本ができるまで

合計12回の編集会議を開催しました。ＹＰＳメンバーの他、家族会の方、報道の方など色々な方に参加してもらい、ご意見をもらいました。また、誕生日のお祝いをしてケーキを食べたり色紙にメッセージを書いたことも思い出です。ＹＰＳ出版部も設立しました。

回	日時	参加者／主な検討内容	その他
1	2017／2／11（土）夜	ＹＰＳより7名、蔭山の計8名／本の目的、読者層、構成などを検討	
2	2017／3／5（日）昼	ＹＰＳより10名、深澤（明石書店）、蔭山の計12名／集まった体験談を読み、本の構成を検討	
	2017／4／7（金）夜	ＹＰＳ定例会「今夜はシリアス」	
3	2017／4／28（金）夜	ＹＰＳより10名、深澤、蔭山の計12名／「今夜はシリアス」感想共有、伝えることを検討、章の担当を決める	誕生日のお祝い
4	2017／6／2（金）夜	ＹＰＳより12名、報道3名、深澤、蔭山の計17名／章担当を中心にキーワードやポイントを検討	誕生日のお祝い

5	2017/7/28（金）夜	YPSより15名、報道1名、学者1名、深澤、蔭山の計19名／悠一郎さんの原稿をもとに章の書き方を決める、YPS出版部の立ち上げを決定	誕生日のお祝い
6	2017/9/8（金）夜	YPSより13名、横浜市磯子区家族会5名、蔭山の計19名／家族から意見をもらう	誕生日のお祝い
7	2017/10/13（金）夜	YPSより8名、学者1名、深澤、蔭山の計11名／発行時期を決定、執筆が進まない章の検討	誕生日のお祝い
8	2017/11/11（土）朝	YPSより10名、蔭山の計11名／序章の検討	マホロバマインズ
9	2017/12/22（金）夜	YPSより10名、浜家連*より9名、埼家連**より2名、学者1名、深澤、蔭山の計24名／家族から意見をもらう	
10	2018/1/26（金）夜	YPSより11名、浜家連より8名、埼家連より1名、深澤、蔭山の計20名／家族から意見をもらう	
11	2018/2/23（金）夜	YPSより15名、蔭山の16名　原稿の最終確認	誕生日のお祝い
12	2018/3/23（金）夜	YPSより11名、報道1名、蔭山の計13名　初校の確認	誕生日・合格のお祝い

＊　浜家連：横浜市精神障害者家族連合会
＊＊埼家連：埼玉県精神障害者家族会連合会

普及啓発を目的としてＹＰＳと蔭山の共演で講演を行いました。

２０１７年９月15日　横浜市精神障害者家族連合会主催研修会

２０１７年９月16日　千葉県精神障害者家族会連合会主催研修会

２０１７年12月13日　兵庫県洲本健康福祉事務所主催研修会

２０１７年12月21日　横浜市主催家族支援研修会

２０１８年１月21日　きらりの集い分科会「家族に暴力ふるってモヤモヤしてる人集まれ～」

当事者と家族が相談・支援を受けられるところ

精神障がいの方が受けられるサービスは、医療・保健・福祉と細分化されています。納得する支援が受けられるまでに時間がかかるかもしれませんが、理解ある支援者もいますので、希望をもってください。
お断り：主な相談機関やサービスの案内です。全てを掲載しているわけではありません。地域によって異なる名称を使っている場合があります。各地域でご確認をお願いします。

精神保健の専門的相談機関

■保健所

精神保健相談全般に対応。都道府県・政令市・中核市などが設置主体。特に、未治療・治療中断時の医療につなげる相談、ひきこもり状態で身体的暴力が発生している場合など危機介入が必要な相談については、保健所が担当することが多い。保健師や精神保健福祉士などが平日昼間に対応する。警察官通報（精神保健福祉法第23条）、医療保護入院のための移送（同第34条）などにも対応している。電話、面接、訪問による支援を行っている。

■精神保健福祉センター

都道府県および政令市が設置主体。アルコールや薬物などの依存症、ひきこもり、発達障がいなどの専門相談を担う。

■精神科救急情報センター

夜間休日の緊急的な相談窓口。都道府県および政令市が設置主体。多くの都道府県で設置されている。一般的に電話対応や警察官通報対応のみで、家庭訪問や継続的な相談には対応していない。

■精神科医療機関

精神科医療機関では、ソーシャルワーカーが相談に応じることが多い。

制度やサービスを利用したいときの相談窓口

■役所障害担当課

障害者総合支援法にもとづく自立支援医療（通院医療費、デイケア、訪問看護などの医療費自己負担が軽減される制度）や障害福祉サービスを利用する場合の申請窓口。精神障害者保健福祉手帳の申請窓口でもある。障害年金は国民年金の場合、年金担当課が窓口になる。

■基幹相談支援センター

基本的に市町村に一つある。全ての障害の総合的・専門的相談支援を行う。

■相談支援事業所（計画相談）

障害福祉サービスを利用するにあたり、一人ひとりのプランを立て、サービス調整などを行う。

精神医療サービス

■デイケア

精神科病院や精神科診療所など通常は医療で行われるリハビリテーション。退院後間もない頃など、病状に不安がある場合は医療機関で実施されるデイケアに通う人が多い。保健所でもデイケアを実施していることがある。

■精神科訪問看護

訪問看護ステーションや外来からの訪問看護がある。医師の指示書にもとづいて看護師等が自宅を訪問して、病状把握や様々な相談にのる。自立支援医療が適応される。

日中の居場所

■地域活動支援センター

障がい者の日中の活動を支援する居場所のような場。

障害福祉サービス

■居宅介護（ヘルパー）

家事の援助、通院などの介助を行う。障害者総合支援法にもとづく障害福祉サービス。役所での申請と障害区分認定が必要。

■就労継続支援

A 型と B 型がある。一般企業等での就労が困難な方が訓練を行う場。

■就労移行支援

一般企業等への就労を希望する方に、就労に必要な訓練を行う場。

暴力に関する相談窓口

■配偶者暴力相談支援センター

配偶者間の暴力について専門相談ができる。カウンセリングや自立生活促進のための支援、保護命令制度、必要時に一時保護所（シェルター）に一時的に避難できるよう手配してもらえる。

■高齢者虐待に関する市町村相談窓口

高齢者が養護者等から暴力を受けている場合の相談窓口が市町村に設置されている。

■障害者虐待に関する市町村相談窓口

障がい者が養護者等から虐待を受けている場合の相談窓口が市町村に設置されている。

精神保健関連の自主グループ

■精神障害者家族会

精神障害者家族の自主グループ。全国に約 1200 か所あり、市町村に 1 か所あるところが多い。全国組織は通称「みんなねっと」。月 1 回程度の定例会を開催。無料の電話相談を行っている都道府県連合会も多い。

編著者一覧（五十音順）

当事者

相沢隆司	第5章、第2章第1節コラム、第6章コラム
荒木雅也	第2章第3節、第3章コラム
黒木実生	第7章第4節
新谷総太	第2章第1節
田村大幸	第2章第2節
根本俊史	第6章
藤井哲也	第3章コラム
堀合研二郎	序章、登場人物、第4章
堀合悠一郎	はじめに、第1章、第2章第1節コラム、第3章、第7章第1節、あとがき
前田直樹	第2章第1節コラム
前田梨夏	第2章第1節コラム、第6章コラム
桃太郎	第3章コラム
山田潤	第4章コラム

支援者

蔭山正子	はじめに、第7章第2節、あとがき、その他
福島政雄	第7章第3節

福島政雄（ふくしま・まさお）

NPO 法人 Green Wind 理事／地域活動支援センター「やまぶき工房」施設長／精神保健福祉士

大学卒業後、神奈川県内私立高校にて5年間教員として従事（国語・英語）。教員時代、DV、家庭内暴力に苦悩する生徒、家族を目撃してきた。後、上場重工業企業に転職。人事部門メンタルヘルス（精神衛生）担当を務めていた。重厚長大産業衰退に符合した間接部門無用論を突き付けられ、その渦中に苦悩する。文中の「死の逡巡」はその時のこと。3年前より現職に至る。

企業時代は実業団テニス部に所属。元「全米テニス協会」公認レッスンプロの端くれ。

藤井哲也（ふじい・てつや）

一般企業、正社員／ピアサポーター

1959年4月1日生まれ。血液型A型。神奈川県立港南台高校卒。 父（共同通信記者）、母、兄の家庭の中育ち、思春期（15歳頃）に発病、高校2年登校拒否の末、家庭内暴力に端を発し、某私立精神科病院に初入院。以後、9回の入退院の末現在に至る（その中の1回は措置入院）。その間数回の就労勤務を経て現在、日産自動車の下請けの部品製造メーカーで正社員としてオープンで勤務。その傍ら、ピアサポーターとして福祉啓発活動に精を出している（現在、地域活動支援センター工房タッチ利用者）。趣味は読書、散歩、登山、天体観測、写真撮影等、多岐にわたる。好きな文言は、「初志貫徹」「継続は力なり」。

堀合研二郎（ほりあい・けんじろう）

就労継続支援B型事業所シャロームの家／ピアスタッフ

1980年8月23日東京都東村山市に生まれる。乙女座のO型。175cm 60kg。

好きな映画監督は鈴木清順。好きな歴史上の人物は藤原道長。好きな食べ物はパン。黒い服が好き。どこにでもいそうでいないちょっと変わった37歳の男子。

堀合悠一郎（ほりあい・ゆういちろう）

就労継続支援B型事業所シャロームの家／ピアスタッフ

1978年東京都東村山市生まれ。小中学校時代を兵庫県で、高校時代を大分県で過ごす。

高校卒業と同時に統合失調症の治療を開始。精神科デイケア利用を経て、2008年より横浜市磯子区に拠点を置く特定非営利活動法人さざなみ会が運営する地域活動支援センターシャロームの家に通所。2013年より同シャロームの家に職員として勤務。2015年より YPS 横浜ピアスタッフ協会の活動に関わる。

趣味は語学と美術。マーク・ロスコの絵画、尾形光琳の燕子花図に目がない。体調管理の秘訣はウォーキング。

山田潤（やまだ・じゅん）

中小企業診断士

1965年生まれ。慶應義塾大学卒業。家庭、学校、職場等でおよそ障がいを理解されないまま40代に。精神障害者手帳取得後、かつて実技で50時間もかけて辛うじて取得したはずの、自動車免許を返上。バブル期以来就労困難な中、中小企業診断士資格取得をはじめとするスキルを積み上げ続け、近年は精神保健福祉士にも挑戦し合格。

フルマラソン完走歴17回。現在の家庭では、家出帰りの妻に育てられた息子に、NEET 化や糖尿病の懸念有。

YPS執筆メンバープロフィール（五十音順）（掲載希望者のみ）

相沢隆司（あいざわ・たかし）［ペンネーム］

地域生活支援センター／ピアスタッフ／精神保健福祉士

愛知県生まれ。3か月後東京へ。中学校入学を機に神奈川県に。高校2年の冬に発病。大学入試に失敗するも当然の結果だったので挫折感無し。一浪後受験した全大学に合格。不本意ながら理系単科大学に進む。両親は喜び、生まれて初めて倹約家の父に鰻をご馳走になる。電気関係の勉強がしたくて大嫌いな生物関係の学科の中でも生物電子工学を専攻。連日連夜の実験レポート作成で病気に拍車がかかる。大学3年の時、父が癌で他界。以後、かったるくなり、ひきこもりとなる。留年と休学を最大限活用し、なんとか卒業。卒業が危ぶまれた時、大学の健康管理センターで大泣き。そこで、人の優しさというものに触れる。同窓生が教授推薦で各々外資系企業に就職し渡米する中、推薦を受けられず、やけくそで機械系零細企業に就職したが眠たくて退職。悩める母の知り合いの保健師さんの命令で精神保健福祉施設のボランティアをし、その魅力を知る。福祉系単科大学付属学校に入学し38歳で精神保健福祉士を取得。それを生かして就職し現在に至る。

趣味はお金もないのにオーディオ。思い出したように体幹トレーニングをやり脳に刺激を与えるのが快感。おやじギャグをこよなく愛するも周囲があきれていることは自覚済み。あがり症と薬の副作用ですぐに手が震えるのが悩み。

荒木雅也（あらき・まさや）

就労継続支援B型事業所シャロームの家

1994年生まれの24歳。シャロームの家でピアスタッフを目指し奮闘中。

趣味は、フリースタイルラップ、カラオケ。

黒木実生（くろき・みお）［ペンネーム］

公立中学校（神奈川県）／理科教諭（5年目より個別支援学級担任）

1981年生まれ。小中学校では「いい子」として過ごし、進学校へ入学。一浪して地方の生物系の大学へ進学し、一人暮らしを始める。浪人時代は、朝4時起きで受験勉強という徹底した自己管理ができたが、大学では過食・過眠、鉛様麻痺感など非定型うつ病の症状が現れ、提出物の締め切りを守れなくなる。大学院博士後期課程に進学することを母に猛反対されたが、反対を無視し、親からの経済的援助を受けずに、奨学金のみで進学。研究結果は出たが論文が書けず、単位取得退学。教員1年目より精神科に通院（適応障害・パニック障害・うつ状態…診断名は未確定）。病気休暇中に通った地域活動支援センターや個別支援学級の「個性を大切に、ゆったり過ごす環境」、および職場の優しい先生たちに救われて、どうにか生きている。母との間には今も壁があり、病気のことは一切知らせていない。藻類、革細工、織物が好き。

根本俊史（ねもと・としふみ）

精神障害者当事者会「めんちゃれ」代表、サービス業「引きこもりSOS」代表

1975年4月12日生まれ。牡羊座、O型。神奈川県立上郷高校卒業（9期生）、国士舘大学文学部文学科国語国文学専攻卒業（1999年卒）。統合失調症と診断され、精神障害者保健福祉手帳2級所持。学習障がいの傾向有り。

趣味はワイン（40本以上）と本（400冊以上）とCD（300枚以上）とゲーム（300本以上）のコレクター。ワイン（数千円のもの）以外は108円～950円程度のものを買いあさった。古本屋Love。

編著者

YPS 横浜ピアスタッフ協会（通称 YPS）

2015 年 11 月、神奈川県横浜市で結成。参加メンバーは現在、精神障害当事者、家族、支援者等、約 400 名。ピアスタッフ（精神障害当事者スタッフ）の普及をめざし、2 か月に 1 回の定例会の他、ピアマスター（ピアスタッフ養成講座）、大学や研修での講演、スポーツなど多岐にわたる活動を展開。活動のモットーは「楽しさ」。開催するイベントには参加資格を設けないという開放路線を進めている。2017 年 6 月に主催した『第 1 回神奈川ピアまつり！』には横浜市内外から約 200 名を動員。

ホームページ https://shalom153.wixsite.com/yokohama-peers

メールマガジンでも活動案内を配信中。

蔭山正子（かげやま・まさこ）

大阪大学大学院医学系研究科公衆衛生看護学教室 / 准教授 / 保健師

大阪大学医療技術短期大学部看護学科、大阪府立公衆衛生専門学校を卒業。病院看護師を経験した後、東京大学医学部健康科学・看護学科 3 年次編入学。同大学大学院地域看護学分野で修士課程と博士課程を修了。保健所・保健センターでの勤務（保健師）、東京大学大学院地域看護学分野助教などを経て現職。

保健所勤務の際、精神障がい者の受診援助や通報対応などの危機介入を経験。主な研究テーマは、精神障がい者の家族支援・育児支援、保健師の支援技術。最近は当事者のピア活動にも関心あり。

主な著書に、『精神障がい者の家族への暴力という SOS——家族・支援者のためのガイドブック』（蔭山正子編著、明石書店、2016）、『精神障がいのある親に育てられた子どもの語り——困難の理解とリカバリーへの支援』（横山恵子・蔭山正子編著、明石書店、2017）、『メンタルヘルス不調のある親への育児支援——保健福祉専門職の支援技術と当事者・家族の語りに学ぶ』（蔭山正子著、明石書店、2018）がある。

趣味は研究活動と有酸素運動、暇があれば映画鑑賞や海外旅行。家族会の人との飲み会が好き。

当事者が語る精神障がいとリカバリー
――続・精神障がい者の家族への暴力というSOS

2018年5月30日 初版第1刷発行
2018年10月20日 初版第2刷発行

編著者 YPS横浜ピアスタッフ協会
蔭山正子
発行者 大江道雅
発行所 株式会社 明石書店
〒101-0021 東京都千代田区外神田6-9-5
電話 03(5818)1171
FAX 03(5818)1174
振替 00100-7-24505
http://www.akashi.co.jp

装幀 明石書店デザイン室
編集／組版 有限会社閏月社
印刷／製本 モリモト印刷株式会社

(定価はカバーに表示してあります) ISBN978-4-7503-4690-8